マルクスの哲学

——その理解と再生のために——

岩淵慶一

時潮社

まえがき

カール・マルクスが生まれてからまもなく二百年になり、彼が亡くなってからすでに百三十年以上の歳月が流れ去った。そして、彼の思想とその発展過程を理解するうえで決定的に重要な著作でありながら、長いあいだ放っておかれていた『ヘーゲル国法論批判』『経済学・哲学草稿』『ドイツ・イデオロギー』『経済学批判要綱』などが発表されてからもすでに七十〜八十年以上も経っている。

この最後の年数だけをみても、彼の思想が理解されるのに短すぎるとはとても考えられないのであるが、しかしまさにこの現在においても、マルクスの思想についての適切な理解が広められるためには、何故か時間がいくらあっても足りないのではないかとさえ思われてくるのである。試みに、広く読まれているといわれている、マルクスの思想を体系的に叙述したとみなされている最近の啓蒙的な入門書などをみてみると、どうしてもそうした暗い思いを払拭することができなくなる。そこでは、ここで挙げたマルクスの諸著作が発表されてからも訂正されることなく維持されてきた彼の思想についての伝統的な神話がそのまま生かされているだけではなく、そうした神話を大いに利用してきた、かつてのソ連型社会主義運動のイデオロギーとして機能してきた特殊なマルクス主義――やはりスターリン主義と呼ばれるのが適切であろう――の諸特徴さえも再現されているのである。もとより新しい諸特徴が付け加えられ全体としてはかなり変容を蒙っているが、しかしそこで体系的に叙述されているマルクス主義とあの古いマルクス主義とのあいだに基本的な連続性が維持されていることは明白であるように思われる。そして、そうした入門的な著書が少しも批判されることなく書店に並べられているだけではなく、同じ書店には平積みされて、キリスト教的千年王国到来信仰を告白しながら、社会倫理的理想の問題を理想として自覚的に論ずる余地をもたないできた従来のマルクス主義者たちの弱みをついて、自分はマルクスのヒューマニズムにも否定的なのだと嘯いているような本も、相応の批判を誰からも受けることもなく書棚に並べられている。

これはかつて、といっても、それほど昔のことではないが、まさかこのようなことが将来起きることなどありえないであろうと想定された悪しき状態そのものに他ならないのではないであろうか。その「まさか」が現実になっているのではないであろうか。

思い起こすべきは、二十世紀の最後の十年にはいってから東ヨーロッパとロシアの社会主義システムがガラガラと無様に瓦解してしまったあの衝撃的な出来事とそれ以後のマルクス主義の歴史であろう。あの出来事は社会主義の失敗の結末、それも、天国を創るつもりで地獄を創ってしまったといってもよいほどの社会主義の大失敗の無様な結末であったのであるが、しかし同時にまたあの社会主義の運動のイデオロギーとして機能してきた特殊なマルクス主義の失敗の結末でもあった。だから、社会主義について真剣に考えてきて、あの出来事を目の当たりにした人々は誰もが、あの無様な結末に至ったソ連型社会主義運動とそのイデオロギーとしてのマルクス主義についての率直な批判的総括が提供されるのが当然だと考えたのではないであろうか。何故なら、あまりにも無様であったあの結末と同じような結末を迎えないためには、つまり同じような失敗を繰り返さないためには、社会主義運動が失敗から学ぶことが、失敗の経験を誰もが使えるように理論化しておくことが、文字通り不可欠だと考えたはずだからである。

それでは、首尾よくそれが成し遂げられてきたのであろうか。この問いにたいする答えは何故かかなりよく知られているといってもよいであろう。

あれから僅かに二十数年のときが流れただけであるが、その間に一般的に失敗の経験について論じられてきたことが、そのまま当てはまるようなことが起きたのではないであろうか。あの社会主義の大失敗の情報は忘れ去られるということはなかったとしても、その失敗情報が減衰させられ痩せ細らされ、できるだけ世間の目から隠されるように努められてきただけではなく、さらには問題が著しく単純化されたり、本質的な諸問題が遠ざけられ新たな神話が創り出されたりしてきたのではないであろうか。失敗についての議論を深めてきた失敗学の提唱者は、「起きてしまった失敗を忌み嫌って無視するか、それとも失敗を直視してそこから学ぼうとするか」で結果が非常に変わってくること強調しているが、ここでどちらが選択されたかはまことに明らかであったのではないであろうか（以上、畑村洋太郎『失敗学のすすめ』参照、講談社、二〇〇〇年）。

結果として社会主義運動の大失敗の経験が理論化されてきたとは到底いえないようなことが起きて今にいたっているとすれば、したがってあの大失敗と無様な結末が貴重な教訓としてこの先で生かされて行くこともないとすれば、よく知られている失敗の法則性がその力を発揮するということにならざるをえないであろう。同じような失敗が繰り返されるということになり、残念ながら、今後も社会主義運動の成功は覚束無く、失敗の可能性の方が大きいということにならざるをえないのではないか。それどころか、失敗するというところまで進まないうちに、先細りの運命を迎えることさえも予想されるのではないであろうか。

さしあたってここで多少立ち入っておかなければならないのは、あのマルクス主義の基礎として位置づけられていた哲学の問題である。この哲学は、ここで最初に挙げたマルクスの諸著作が発表される以前に晩年のエンゲルスによって開発されレーニンによって発展させられ、ロシア革命の後にソ連やその他の諸国のマルクス主義者たちによって練り上げられたもので、スターリン時代に広範に広められたのであるが、しかし、一九五六年のスターリン批判前後から主に東ヨーロッパ諸国のマルクス主義者たちによってまさに哲学の失敗作として徹底的に批判されてきた。

そうした批判として興味深い代表例は、ソ連型社会主義の優等生とみなされていた一九六〇年代後半に旧東ドイツの哲学者によって提供された次のようなものであった。

すなわち、それを採用した人々のところで彼らの新しい経験、認識とその体系のあいだの生き生きとした相互作用が欠けていて、それらの経験、認識が理論に組み込まれず宙ぶらりんなままで放っておかれ、体系の方は生気を失った図式に成り果ててもはや行動の指針であるべき理論の機能を果たすことができないという危険が生じている。そしてまた、諸々の特殊な哲学的問題が体系全体に関係づけられていないために、それらの問題が特に哲学的であるということも失われてしまっているだけではなく、哲学が相互に結びつきを欠くか相互に不明確に結びついている程度の諸部分に解体させられ、生き生きとしたマルクス主義的精神が失われ、実証主義の砂の中に消えてしまうというようなことになっている。したがって、体系そのものに致命的な欠陥があるとみなされなければならず、それを根本的に改めることが課題になっていたにもかかわらず、そうした問題についての議論が深められないままで、しばしば個別諸科学の世界や時事的現実の世界に逃げ込んだりするようなことがおこなわれてきている、等々。

ここでの最後の指摘は、日本でも周辺で見かけられた風景でもあったので、なかなか興味深いが、大事なことはあのスターリン主義哲学が機能不全に陥り、世界の変革を訴えるマルクス主義のまさに身上である行動の指針になるという課題を担うことができなくなってしまっている、ということであることはいうまでもない。当然、マルクス主義の哲学としての資格が問われるということなので、同じ哲学者はさらにその体系そのものに立ち入って批判を展開し、その体系では存在するところのものの説明に力点がおかれていて、そもそも行動の指針を提供するということが強調されていない、唯物論が存在論化させられマルクス以前の水準に引き戻されてしまっている、認識論の位置がまったくの困惑を示している、史的唯物論の領域で人間の主体性がほとんど反映されない一面的で客観主義的な考察方法が採用されている、などの諸欠陥を指摘している（ヘルムート・ザイデル「現実にたいする人間の実践的ならびに理論的関係について」、芝田進午編『現代のマルクス主義哲学論争』、青木書店、一九七〇年）。

ここで代表的な一例を見てきたのであるが、こうした批判は、同じ時期に東ヨーロッパ諸国のマルクス主義者たちによってしばしばよりいっそうラディカルに、おこなわれてきたが、要するに、マルクス主義者たちが伝統的に受け入れてきてスターリン主義によって広められてきた哲学そのものは哲学として失敗作であり、この哲学にはまさに致命的な欠陥がありひどい機能不全に陥っているということであるが、ここからさらにどのような帰結が導き出されることになるかは、もはや改めて指摘するまでもないであろう。今やマルクス主義の哲学の仕事の有効性を高めるために、さまざまな本質的諸欠陥を克服しなければならず、そのためにはスターリン主義的な体系を斥けなければならないということであったのである。

ここまで進んできた人々が、それに替わるものとしてマルクス自身の哲学を挙げてきたことは、よく知られているといってもよいであろう。ここでみてきた東ドイツの哲学者などは、マルクスたちがそうしていたように人間の実践、人間の行動をその出発点、中心点に据えた新たな哲学を考えなければならないと説いていたが、このマルクスの哲学をどのように理解すべきであるのか、そしてそれを現代においてどのように再生させるべきであるのか、についてはさまざまな見解が提起されてきた。したがって、激しく議論が戦わされたのであるが、しかし彼らのところでマルクス主義を時代の高みに引き上げようという真摯な努力が積み重ねられてきたことは誰もが認めざるをえないであろう。したがって、振り返ってみて、今日マルクス主義を発展させようとすれば人々がどこから出発しなければならないかは明白であるように思われる。

しかし、さしあたって同時に忘れられてはならないのは、ここで例としてあげた旧東ドイツの哲学者のところでその後に起きたことである。そこでは一九六〇年代の後半に、それまでの論争を踏まえてスターリン主義的なマルクス主義哲学に替わる新しいマルクス主義哲学の教科書が出されたのであるが、そこで採用されたのは、もはやスターリンはもとよりエンゲルスやレーニンに依拠するものでもなく、まさにマルクスのところにまで戻って彼の哲学的構想をはっきりさせ、それにもとづいて哲学の体系を考えるという方向であった。そして明確に強調されていたのは、マルクス主義哲学の出発点および中心点は人間と彼の実践にほかならないということであり、この哲学は何よりも先ず人間の行動の意義を基礎づけその行動の指針としての役割をしっかりと果たさなければならないということであったが、全体としてスターリン主義を超えてまさに「時代の精神的精髄」であろうとする気概にあふれた興味深い内容になっていたことは間違いないであろう——残念ながら、実際の叙述ではソ連と東ドイツの当時の政権の動きに妥協するような言辞も目立っていたが——。したがって、マルクス主義の歴史における注目すべき著作として記憶されて然るべきものであったのであるが、この教科書は一九六九年の第三版を最後に、ソ連の戦車によって「プラハの春」が弾圧された後の旧社会主義圏の反動化の波の高まりのなかで政治的権力によって廃版にされてしまった。ちゃんとした理由書が出されてそれなりの議論があってというこことが当然の前提になるはずであるが、知的自由が基本的に欠如した社会にふさわしくまことにあっけない幕切れであった。その後に同国で登場させられた哲学教科書に書かれていたのは、ここで今みてきたように同国では斥けられたばかりの、旧ソ連などで一貫して維持されてきたスターリン時代以来の体系が維持されている明白にスターリン主義的なものであった。哲学者たちによってその体系には根拠がなく機能不全に陥っているとして理論的にきっぱりと斥けられた哲学が、社会主義国家と共産主義政党の力によって支えられて復活させられたのである（東ドイツよりもはるかに民主主義的で言論の自由も存在した旧ユーゴスラヴィアでは、マルクスの哲学をさらにラディカルに再生させようとしていたマルクス主義者たちが非常に優れた理論的活動を展開していたが、その彼らがどのように処遇されたかは、本書のⅢ－補論を参照されたい）。

こうして、旧東ドイツで、エンゲルスから始まりレーニンによって権威が与えられスターリン主義によって練り上げられたあのマルクス主義哲学が、一度は批判され理論的に突き崩されてしまったにもかかわらず、国家と支配政党の力によって支えられて存続させられることになったのであるが、こうした状態は二十世紀の最後の十年にいたるまで続くことになる。理論的に生命力を失ってしまったスターリン主義哲学が政治的権力によって支えられて生き延びるという構図はさまざまな相違があっても多かれ少なかれその他のソ連型社会主義諸国でも見出されたことであるが、しかし理論的な生命力によってではなく、まさに理論外の権力のおかげ生き延びてきたマルクス主義哲学は、支えの権力が崩壊してしまったとすれば、もはや自分の力で存続することはできず、歴史の舞台から退場する以外に道がないということになる。実際に旧東ドイツでも、その他のソ連型社会主義諸国でも、一九九〇年代に入ってからあのスターリン主義的な哲学はそのような運命を辿ったのではないであろうか。もっぱら権力によって支えられて生き延びてきた哲学がその権力の崩壊と共に退場する、これは当然の成り行きであったといわなければならないであろう。

問題は、最初に指摘しておいたように、旧社会主義諸国で退場の憂き目をみたあのマルクス主義哲学が、そのままの状態ではなくさまざまな変化を与えられてではあっても、現在の日本で再生産されているということである。

この哲学は旧社会主義諸国では理論的には批判され突き崩され、政治的権力のおかげで辛うじて生き延びてきた代物であったので、事情を知るものは、まさかそれが二十一世紀の現在に無傷のままという顔で登場するなどということはないであろうと想定していたはずである。しかし、あのソ連型社会主義運動の自己崩壊から四半世紀近くの歳月が流れ、あの社会主義の大失敗の結末の記憶が薄れてきているこの時期にその「まさか」が現出しているというわけである。それをみて、暗い思いにとらわれたものもけっして少なくなかったのではないかと思われるのであるが、そうした人々は、あの哲学がソ連型社会主義の失敗の主役クラスの一人であったので、それを採用するということが、社会主義の失敗が繰り返されるということに通じているのではないかと危惧していたのではないであろうか。そして、そうした可能性が小さいとはけっしていえないはずなのではないであろうか。

顧みてみれば、日本では、社会主義の失敗についての決算報告書らしい決算報告書は出されてこなかったし、あのスターリン主義的マルクス主義についても、かつての東ヨーロッパ諸国におけるようには、本当に突っ込んで徹底的に批判しきっぱりと退場を迫るということもおこなわれてこなかった。そして、ここでみてきたような東ヨーロッパ諸国の哲学者たちの議論も翻訳され紹介されてきたが、そこから本格的に学ぶということもなく、いつしか年も過ぎて行きということであったのではないであろうか。

だから、よく考えてみれば、かつてあのスターリン主義について「まさか」と考えた方が間違っていたということになるのではないであろうか。理論は理論としての批判があって初めて舞台から退場するものであって、そうした批判がなければそのまま存続する。実際に日本では、スターリン主義が退場せざるをえないほどの批判がおこなわれては来なかったので、それが現在余命を保っていたとしても、再生されたということではなくて、単純に生き延びてきたということであったのではないであろうか。だから、無傷のような顔で現われたなどとみてはいけないので、まさにこの日本では無傷で現れていると見なければならなかったのではないであろうか。そして、もしもその通りであるとすれば、この先どれほどときが流れても、マルクスが適切に理解されることはあまり期待できないということになるのであろうか。まことに「河清を俟つも、人寿幾ばくぞ」である。

しかし、もとよりそれが祝賀すべき現象などではなく、暗い結末を予想させる不吉な現象であることがかなりたしかなことであるとすれば、どれほど遅ればせであっても、やはり日本でも、何よりも先ず、古いスターリン主義的哲学に対する批判を、この批判を二十世紀後半に発展させていた東欧諸国から学びながら、いっそう発展させる必要があるということになるであろう。そして、同様にそれらの諸国で模索されてきた本来のマルクスの哲学を適切に理解しそれを現代に再生させるという試みを継承し発展させ、マルクス主義者が、マルクスについてもよく研究しているキリスト教徒たちに軽くあしらわれることがないようなヒューマニズムを主張してみせる必要があるということになるのではないであろうか。

まさにこうした必要性に少しでも応え、スターリン主義的マルクス主義が生き延びその姿を現してきている現在の思想状況のなかでマルクスの哲学を理解し再生させることに多少なりとも役に立つことができればということが、本書出版の意図であるが、全体として力点は後者のマルクスの哲学についての議論におかれている。したがって、論じられているのは、エンゲルスから始まった解釈を採用しないでマルクス自身の著作に即して考えてみるならば、彼の哲学はどのようなものであったということになるのか、それがエンゲルスによって、さらに彼の解釈を受け入れたレーニンやスターリン主義者たちによって、どのような取り扱いを受けてきたのか、また、マルクスの哲学の解釈としその正当性が疑いの余地がないとみなされてきたエンゲルスにはどこがどのような問題があったのか、そしてさらに、二十世紀の後半にスターリン主義を斥け本来のマルクスの哲学を再生させ発展させようとしてきた人々が何を考えどこまで進むことができたのか、等々の問題である。

そこで、本書は以下のような小さな序論と三つの部分から成っている。

最初の序論的部分は、主にソ連型社会主義運動の崩壊を念頭におきながらが、あの「社会主義の失敗」の教訓の一つとして批判的思考の欠如の問題を論じた小論である。かつて若きマルクスは独自の道を歩み始めたばかりのときに「現存する一切のものの容赦ない批判」の旗を掲げ、後に『資本論』の後記のなかでは弁証法について「その本質上批判的かつ革命的である」ことを強調していた。マルクスの精神でものを考えようとしている者にとって批判的であることはまさに身上に他ならなかったはずであるが、しかしまさにこの批判的であるということが社会主義運動のなかではきわめて得がたいものになってしまっていた。そこで小論は、そうした批判的思考の欠如がどうして生じたのか、そしてまたそれを取り戻すために人々が何を為さねばならないのかを論じ、批判的思考に敵対的であったスターリン主義からのマルクス主義哲学のパラダイムの転換の重要性を訴えている。

第I部は、テーマ通りにまさにマルクスの哲学を論じているのであるが、中心におかれているのは、このまえがきの冒頭で挙げておいた、マルクス死後半世紀も経って初めて発表された『経済学・哲学草稿』などの諸著作から初めて明らかになってきた彼の本来の哲学が一体どのようなものであったのか、を考察した論文である。この哲学は、後にエンゲルスによってこれぞマルクスの哲学といって提供された哲学とは異質なものであって、一言で特徴づけるならば、ヒューマニズム的唯物論あるいは唯物論的ヒューマニズムであった。このマルクスの哲学からヒューマニズムを削ぎ落としてしまったものをエンゲルスはマルクスの哲学だといって提供していたのである。そうしたエンゲルスのおかげで、哲学的な議論をしていた時期のマルクスはフォイエルバッハ主義者扱いされてきたので、その間違いを正すために書かれた論文が最初におかれ、さらに、同じエンゲルスのおかげで、それから新旧のスターリン主義のおかげで、マルクス自身の哲学の理解が長らく妨げられ、多少は改善されてきていても現在もなお同じような状態が続いているので、その理由をはっきりさせるために書かれた論文が三番目におかれている。

第Ⅱ部は、ここでも指摘したばかりであるが、エンゲルスがこれこそがマルクスの哲学だといって提供していた哲学が、実はマルクスの哲学とは異なったまさにエンゲルスの哲学にほかならなかったのではないかという問題を立ち入って論じた二つの論文から成っている。二人の周知の関係から、またエンゲルスが自分を「天才」マルクスにたいして「タレント」でしかないと謙虚に位置づけていたこともあって、彼の主張の真実性が疑われることなく信じられてきたのであるが、しかしマルクスの初期の哲学的諸著作が発表され、それらの著作の研究が進められるにつれて、両者の哲学的見解には開きがあったことが気づかれるようになってきていた。ただ、マルクス主義者たちのところでの強固な権威主義と思考の怠惰のおかげでそうした相違を取り上げることが躊躇われ、議論が率直に深められることなく現在にいたってしまったように思われる。しかし、マルクス主義のスターリン主義的形態の克服が、とりわけエンゲルスの影響が強かったことが明らかなその実証主義的傾向の克服が、依然として十分に果たされないままでいることが問われている今日、この問題から目をそらしていることの損害は計り知れないほど大きいと考えなければならない。最初の論文は、二人とも唯物論者であったにもかかわらず、唯物論についての構想が大きく隔たっていて、マルクスのそれがヒューマニズムと一体化していたのにたいして、エンゲルスの方はかなり徹底した実証主義に到達していたことを明らかにしている。このエンゲルスの構想では複数の可能な選択肢のなかから一つのコースを選び取ることができなくなるが、彼は、そうした困難を解消することにもなるような世界をイメージしていたのではないかと思わせるような議論をしている。二番目の論文は、この問題をスターリン主義的な哲学を批判しながら旧東ドイツの哲学者たちが興味深く論じてきたので、それを紹介しながらエンゲルスの「弁証法」の構想を批判的に検討している。

第Ⅲ部は、過ぎ去った二十世紀の後半にはいってから、スターリンからマルクスに戻り、そのマルクス自身の哲学の理解と再生のために活動してきた人々が一体どこまで到達していたのか、そしてまた、最近になって遅ればせにこの運動に加わってきた人々がどのような状態にあるのか、を論じた二つの論文から成っている。最初の論文は、マルクスの哲学の再生という観点からみてもっとも目覚しい活動を展開してき旧ユーゴスラヴィアの『プラクシス』派――彼らの哲学雑誌の名前からそう呼ばれてきた――の業績を論じたもので、彼らのところでスターリン主義からマルクスのマルクス主義へのパラダイム転換がどのようにおこなわれたのか、そしてまたこの転換とともに彼らがどのような新しい諸問題に直面することになったのか、等々の諸点についても立ち入って検討している。この小論から『プラクシス』派がどれほど際立って優れた議論をおこなっていたかが垣間見られるはずであるが、このグループについて日本ではほとんど知られてこなかったので、補論として「『プラクシス』は何をめざしたか」を付け加えた。付録として短い翻訳文も入っているが、全体として彼らの活躍ぶりとその規模が、そしてまた彼らの自負と意気込みが読み取れるのではないであろうか。なお、このグループについての詳細は三階徹、岩淵慶一編『マルクス哲学の復権』(時潮社、一九八三、一九八七年)を参照されたい。二つ目の論文は、「日中ソ連型社会主義運動崩壊後しばらくしてから、『季報　唯物論研究』誌上でおこなわれた「日中哲学討論」のさいに書かれたもので、マルクスの哲学を「実践的唯物論」としてとらえる考え方を、かつての旧東ドイツにおける同様な見解を思い起こしつつ、やや立ち入って検討したものである。中国と日本におけるマルクス主義哲学についての議論が、残念ながら、現在どのような状態にあるかがそれなりにみえてくるのではと思われる。

本書に収められている諸論文が発表された掲載誌とそのときのタイトルは以下の通りである。
序論にかえて「失敗の教訓」東京唯物論研究会編『唯物論』74　二〇〇〇年十二月
I―1　「フォイエルバッハとマルクス」『立正大学文学部論叢』第94号　一九九一年九月

Ⅰ—２　「マルクスの唯物論は何であったか」ロゴスの会編『カオスとロゴス』第５号　一九九六年六月
Ⅰ—３　「マルクス哲学の運命」『立正大学文学部論叢』第100号　一九九四年九月
Ⅱ—４　「唯物論の痩身化」『立正大学大学院紀要』第17号　二〇〇五年三月
Ⅱ—５　「エンゲルスの『弁証法』」『立正大学学人文科学研究所年報』第46号　二〇〇九年三月
Ⅲ—６　「マルクス主義哲学の現在」東京唯物論研究会編『マルクス主義思想　どこからどこへ』一九九二年十月
Ⅲ—補論　「『プラクシス』は何をめざしたか」『現代の理論』現代の理論社　一九七六年八月
Ⅲ—７　「この道はいつか来た道」『季報　唯物論』季報刊行会　一九九八年七月

ご覧のように、本書所収の論文はそれぞれ間をおいて書かれた独立した論文なので、多少重複している箇所もあるが、読者は問題意識に応じてどこからでも読むことができる。最後に、『季報　唯物論研究』から論文を本書に転載することを快く認めてくださった田端稔編集長に、また本書の出版を勧めていただいた時潮社の相良景行社長に厚くお礼を申し上げたい（二〇一四年十一月）。

マルクスの哲学／目次

目次

目 次

序論にかえて　失敗の教訓

今年の終戦記念日に『日経』が「『敗戦』の教訓は生かされているのか」という社説をかかげていた。半世紀以上も前の日本の敗戦と一九九〇年代のバブル崩壊後のいわゆる「第二の敗戦」を重ねて考察し、有名な『失敗の本質』から引用しながら二つの「敗戦」には共通の諸要因があったことに注意を喚起したものである。さしあたって注目すべきは、そこで教訓の一つとして「失敗を認め、早期に方向転換する柔軟性の欠如」ということがあげられていることである。何処をみてもこうした柔軟性が得難いものであることはよくわかるが、マルクス主義の歴史を顧みてみても、その難しさを痛感させられざるをえない。まだ記憶に新しいソ連型社会主義の無様な自己崩壊なども、長期にわたるそうした柔軟性の欠如の産物以外の何物でもなかったとみなすことができるであろう。

だが、もしその通りであったとすれば、一体何故マルクス主義者たちのところでそのような柔軟性の欠如が生じたのであろうか。間違いや欠陥に気づき、それらをまさに間違いや欠陥として、つまりは失敗として認めることができるのは、そしてまた早々と方向転換することができるのは、本当にものを考えることができる人であり、批判的にものを考えることかできる人である。したがって、マルクス主義者たちのところでの必要な柔軟性の欠如とは批判的思考の欠如にほかならなかったのである。だが、マルクスの精神で唯物論的にものを考えようと努めてきた人々にとって批判的であるということはまさに身上であったのではないであろうか。そして、マルクス主義の歴史においてこの伝統を発展させようと努めた人々はけっして少なくなかったのではないか。では、一体何故この伝統に対立する批判的思考の欠如がほかならぬマルクス主義者たちのところで生じたのであろうか。この問題が、マルクス主義の歴史を振り返りながら二十一世紀のマルクス主義の可能性を考えようとしているものにとって最重要な問題の一つであることは疑いない。

すでに今日では必ずしもよく知られていることではなくなっているようであるが、実はこうした問題を考えるさいに参考にすべき模範的ケースは、ソ連型社会主義運動の内外で生じたさまざまな社会主義改革運動のなかでふんだんに提供されてきたのである。それらの運動のうちでももっとも興味深い例は、いうまでもなくユーゴスラヴィアの自主管理社会主義連動であったが、その他の改革運動とともに一九六八年のチェコスロヴァキアの「プラハの春」もまた忘れられてはならないであろう。ワルシャワ条約諸国軍の戦車で蹂躙されてしまったこの改革運動のなかでは、当面の問題についてもきわめて興味深い議論が活発に展開されていたのである。ここでぜひ思い起こしておきたいのは、それらの一つで、同国におけるカフカ復権に貢献し改革運動のなかでも活躍したエドアルト・ゴルトシュテュッカーの議論である。
一九一三年に生まれ二十歳のときから共産党員として活動してきたゴルトシュテュッカーは一九三〇年代を振り返りながら、当時マルクス主義者たちのところでどのような変化が起きていたかについて次のように語っていた。

「ロシア革命は、われわれの一人一人に、われわれが泳ぐ海のように深い信頼の基礎を築きました。信頼の度は非常に深かったので、われわれはどのような批判の表明も受けつける気にならず、そんなことは、頭から、敵対的誹謗だという烙印を押していました。そのためにわれわれは疑うことにほとんど免疫状態で、疑いが起こるたびに、それを精力的に押さえつけていました。これはわれわれの責任とどんな関連があるでしょうか。われわれが責任があるのは、私の意見では、われわれが、よく考え、すべてを批判的に評価する人間から、何かを信じ込む人間、盲目的に信じ込む生き物になってしまったことです。」（アントニーン・リーム『三つの世代』、飯島周訳、みすず書房、二〇〇九ページ）

まことに興味深い省察であるが、著者によれば、要するに、ロシア革命への深い信頼、この信頼と結びついていたヒューマニスティックな社会主義への憧れ、こうした強い感情が理性の力を弱め、「信仰をもって理性に代用する」というようなことを引き起こし、批判的思考の人を盲目的信仰の人へ転化させてきたのである。これは、ロシア革命の後にマルクス主義者たちのところできわめて広範に見出された変質過程についての適切な説明の一つだとみなしてもよいであろう。興味深いのは、著者が、ロシア革命への信頼がソ連共産党とソ連社会への信仰、また各国の共産党などへの信仰へと広がり、さらにそうした信仰と結びついた、個々人の理性とくらべてより高度な党の理性なるものへの信仰までも生み出していたことなども指摘していたことである（一体こうした問題はマルクス主義者たちのところでどれほど深められてきているのであろうか）。

ゴルトシュテュッカーは、後に一九五〇年代の初めになって、信じていた共産党が無実の彼を犯罪者に仕立て上げようとしていたときに、どのようなショックを受けたかということを顧みながら、そうした信仰の人がどれほど病膏盲に入ってしまうものであるかについて語っているが、ここでそれを詳細に引用する必要はないであろう。大事なことは、こうした信仰の人に批判的思考も、必要な柔軟性も期待することなどは到底できなかったということである。そこで、さしあたってさらに問われるべき問題はこうした信仰の人からいかにして再びまともな正気の人、理性の人へと脱出することができるかである。この問題でゴルトシュテュッカーが到達していた結論は、次のようないたって単純なものであった。

「どんな方面からの、またどんな動機からの批判でも無下に拒否してはならず、それを試さなくてはならない。疑いは押さえつけられるべきではなく、言葉に表してみるべきである。」(同上、二〇九ページ)「この時代［粛正の嵐が荒れ狂っていた一九三〇年代後半］からわれわれが得た経験は、事態がどの方向に進んで行こうとも、常に、またどんな環境にあっても、真実を語らなければならないということをはっきりと教えています。シャルダがチャペックとの論争のなかで強調したように、『今日の真理は明日の現実』なのです。また、チャペックがいったように、『真理が勝つためには、恐ろしい苦労が必要』なのです。」(同上、二一一ページ)

たしかにこれはもっともな結論で、おそらく実際にこれ以上の活路などは存在しないといってもよいであろう。真剣にマルクス主義の歴史を顧みてみたことのあるものであれば、誰しも、いかなる状況にあっても疑いを言葉に表してみるべきであり、真実を語らなければならないという著者の主張の重みを共感をもって受け止めることができるのではないであろうか。

だが、それにしても、学生時代から共産党員として活動し批判的知性も発達していたはずの人物が何故、改めてその重要性に気づくまで、盲目的信仰の人になり、真実を語らなければならないという単純なことが実行できなくなってしまっていたのであろうか。

ゴルトシュテュッカーは深い信頼や強いあこがれなどが疑いを押さえ込み、批判を抑圧した、つまりは理性の力を麻痺させ、その結果として信仰をもって理性に代えるということが生じたとみなしていた。たしかにこれは、一見もっともらしくみえる。しかし、あこがれの感情は、また信頼の感情でさえも、それ自体として直ちに盲目的信仰に通じているわけではなく、逆に理性の力を強め理性を鋭くすることもあるのではないであろうか。もしもその通りであるとすれば、批判的思考を盲目的信仰に代えた理性の質が、つまりこの理性の特殊な概念装置が問われることになるであろう。

周知のように、一九三〇年代のマルクス主義者たちのところではこの概念装置は、伝統的マルクス主義とレーニン主義の継承者として登場し、新たに力を強めつつあったスターリン主義であり、このスターリン主義は足元の現実にたいしてはあからさまに無批判的な弁護論を発展させていた。強いあこがれや希望が批判的思考を盲目的信仰に導いたとすれば、このスターリン主義を概念装置として採用したことと結びついていたとみなされなければならない。したがってまた、盲目的信仰を克服して真実を語ることができるようになるためには、この概念装置を批判し新たな概念装置を創造することが必要であったと考えなければならないであろう。実際にこの問題について、ゴルトシュテュッカーは直接触れていないが、同じ本のなかで有名な哲学者のカレル・コシークが非常に的確に次のように論じていた。

「スターリン主義とは、社会主義そのもののある概念の歪みではなく、ある基礎と仮説に基づく社会主義の概念の実現であったということです。」（同上、二七七ページ）「人間的社会主義は、官僚的社会主義とは別の基礎から出発していること、この両者は歴史、人間、真理について別々の概念を育てるのだということを知るまでは、われわれすべては二次的な、表面的なものの虜になったままでいるでしょう。」（同上、二七八ページ）

おそらくこの興味深い見解こそは、スターリン主義との対決のなかで少なからぬマルクス主義者たちが到達した最重要な結論の一つであった。何よりもまずスターリン主義が克服され新たなマルクス主義が創造され発展させられなければならないというわけであるが、たしかに強いあこがれや希望を抱き続けながら、しかも盲目的信仰に陥ったりせず、真実を語ることができたのは、そうした新たなマルクス主義と結びつくことができた人々であったとみなしてもよいであろう。実際にこうした方向でパラダイム転換を進めた人々の数はけっして多くなかったが、しかしまたコシークもふくむ少なからぬ人々がマルクス主義の歴史にきわめて貴重な諸成果を残したことはよく知られている。盲目的信仰への通路を閉ざし批判的思考を活性化させるためにはそうしたパラダイム転換が必要であったことは、疑いの余地がない。

だが、さしあたって、ここでさらに問われなければならないのは、そのようなマルクス主義のパラダイム転換だけで十分であったのかということである。この転換が不可欠の必要条件であったとしても、ここで思い起こすべきは、そもそもマルクス主義者たちを盲目的信仰に向かって導いたのはスターリン主義的な理論だけではなく、それ以上に社会主義運動における現実の変化でもあったということである。この点についてゴルトシュテュッカーは一九三〇年代を回顧しながら、まず最初にソ連における、続いてその他の諸国における共産党の性格が変化し、「民主的中央集権は、結局ただの中央集権になり、民主制は消えてしまった」ことを指摘している。彼の考えによれば、こうしたことの結果として次のような状態が出現することになったのである。

「これらの［モスクワ裁判問題、リアリズム論争等々の］問題を、党の組織内で正常に話し合う可能性は与えられず、どのような問題でも、党の路線の正しさに疑いをあらわす者は誰でも敵としての烙印を押されました。」（前掲『三つの世代』、二一一ページ）

歴史的事実として知られていることであるが、ますます力を強めてきたこうした傾向はスターリン批判後も改められず、その他の社会主義諸国におけると同様にチェコスロヴァキアにおいても、「プラハの春」の直前には凄まじい状態をもたらしていた。この国では経済、政治、文化のすべての領域で「年とともに困難が累積し、悪循環に陥っていた」のであるが、そこでの主要な環についてはは共産党自身がまことに率直かつ痛烈に次のように自己批判していた。

「この循環における主要な環は党自体のなかの官僚主義的、セクト的態度の残滓あるいはその再現という環であった。党内における社会主義的民主主義の発展が不十分であったこと、活動を促進するための好ましい雰囲気がなかったこと、批判を沈黙させ、あるいは抑圧さえしたこと——これらすべてのために事態を速やかに、かつ時宜を得て、徹底的に是正することが妨げられた。党の機関が国家及び経済機関、社会組織に取って代わった。その結果、党と国家の運営が誤って一カ所に集中し、一部の部門が独占的な権力的地位を占めるにいたった。また、あらゆる段階で創意が薄れ、資格のない人々が干渉に乗り出し、はては無関心、事なかれ主義や不健全な責任回避がみられるに至った。その結果として無責任、無規律が横行した。多くの正しい決議が実行されずじまいになった。このことは理論的なものの考え方に悪い影響を及ぼし、時代遅れの管理制度と結びついた欠陥と危険を適切な時期に認識することができないようにした。経済及び政治面での手直しが押さえられた。」(『戦車と自由』1、みすず書房、一九四ページ)

これは実に惨憺たる光景であるが、もしここに書かれている通りであったとすれば、このような党が支配する社会で、つまり批判が沈黙させられ抑圧されるような社会で、誰が敢えて疑問を口に出し真実を語るであろうか。そしてまた、このような社会で誰が批判的思考を発展させることを目指す哲学を主張するであろうか。その反対のことが起きる可能性の方がはるかに大きいのではないか。人々は疑問を口に出さず、真実を語らず、批判の武器としての哲学の発展にブレーキをかけるようになるのではないであろうか。専制的で抑圧的な社会では人々は、今度はあこがれや希望からではなく不安や恐怖から信仰の人になりがちなものなのではないか。もとより、不安や恐怖がストレートに盲目的信仰に導くわけではなく、そうした感情が批判的思考の活性化を促し叛乱の源になることもありうる。そこで、人々がこの後者の方向に向かうのを押し止どめ、前者の盲目的信仰に向かわせるために大いに役立ってきたのも、あのスターリン主義であったのではないか。この無批判的で弁護論的な装置こそは、あこがれや希望から人々を信仰の人に転換させたように、不安や恐怖から人々を信仰の人に転換させてきたのではないであろうか。

批判的思考に敵対的なスターリン主義を批判するとともに、こうした非民主的で抑圧的な状態を克服し、「決定そのものを民主的手続きの成果とすること」が可能になり、人々が「決定そのものの正しさについての論争への参加」が保証されるような徹底的な民主化を実現することが「プラハの春」のまさに主要なテーマの一つであった。もしそうした方向での改革が進められていれば、人々が疑問を口に出し真実を語ることができる可能性が広がり、「失敗を認め、早期に方向転換する柔軟性」が確保されて、チェコスロヴァキアの社会主義も魅力的で興味深い歴史を形成することになったのではないであろうか。そして、その「人間の顔をした社会主義」からソ連その他の社会主義諸国も大いに学び、自滅への道を歩まなくてもすむような転換を図ることもできたのではないであろうか。それればかりではなく、その社会主義の成功は、フランスや日本のような資本主義諸国にも依然として深刻に蔓延していたスターリン主義を克服することにも、したがってまたマルクス主義の歴史に新しい時代をもたらすことにも大いに貢献したのではないであろうか。

しかし、この「プラハの春」はソ連型社会主義諸国のリーダーたちによって無残にも戦車で踏み躙られ、ソ連型社会主義が復活させられるとともに、マルクス主義の新しい諸形態は排除されスターリン主義が復権させられた。彼らは首尾よく勝利を収め、マルクス主義者たちの批判的意識を押さえ込み、再び盲目的信仰の道を歩ませるのに成功した。否、成功したかのようにみえた。しかしその結果はどのようなものであったのか。ソ連本国でも一九八〇年代後半からゴルバチョフの「ペレストロイカ」が開始されたが、時すでに遅く、しばらくしてソ連型社会主義は世界中の人々の見守るなかで無様に自己崩壊を遂げてしまった。まさにこれは、「プラハの春」のような珠玉を大事にせず、そこから貴重なもろもろの思想と経験を学ばず、むざむざと戦車で粉砕してしまった野蛮で卑劣なソ連型社会主義者たちのところに回って行ったつけであり応報であったのではないか。

この自己崩壊から早くも多くの歳月が流れた。いわば資本主義一人勝ちの時代が続いてきたのであるが、この間資本主義は所詮資本主義であるということを痛感させられてきた人々の数はけっして少なくなかったはずである。したがって、良質の資本主義批判への需要が増大しているはずであるが、はたして肝心のマルクス主義はそうした需要に十分に応えてきたのであろうか。そうした需要に応えるためだけにも、そしてさらに二十一世紀におけるマルクス主義の可能性を考えようとすればなおのこと、次のような諸問題に本格的に取り組んでおかなければならないのではないか。人々を盲目的信仰へと導いたマルクス主義のスターリン主義的形態に対する批判をどれほど深めてきたのか。そしてそれに代わるものとしてどのような新しいマルクス主義を適切に発展させてきたのか。そしてそれによって、「失敗を認め、早期に方向転換できる柔軟性」が、つまりは批判的思考が発展するのにどの程度貢献してきたのか。そして、それとともに、民主主義と批判的思考の発展に貢献するどころかその発展にブレーキをかけ、さらにそれを抑圧し圧殺さえしてきた社会主義的な国家とその諸制度についての批判的検討を十分におこなってきたのか。そして、そのうえで真に民主主義的な社会主義の展望を切り開く努力をしてきたのであろうか。二十世紀の社会主義運動の歴史が、「失敗の教訓」を学ぼうとしないマルクス主義者には未来がないことを教えていることは間違いがない。

I　マルクスの哲学

一　フォイエルバッハとマルクス

はじめに

学生時代にヘーゲル哲学の信奉者になったマルクスが、一体何時この哲学と訣別し新たな哲学的地平を切り拓いたのか、そしてその中身がどのようなものであったのか、については今日もなおさまざまな見解が競合している。私の研究によれば、マルクスにおいて決定的なパラダイム転換が起きたのは一八四三年の春、厳密には、彼が『ライン新聞』から完全に身を引く直前の同年三月中旬であり、その後直ちに彼は、すでに彼自身において危機に陥っていた旧パラダイムを徹底的に突き崩すとともに、他方では新たに誕生したパラダイムを明晰にし発展させる作業に取り組んでいたのである。したがって、その最初の成果である、結局草稿のままで残された『ヘーゲル国法論批判』と、『独仏年誌』誌上に発表された有名な二つの論文こそは、ヘーゲル主義と訣別した本来のマルクスの新たな思想が初めて記された、文字通り画期的な業績にほかならなかったということになる。(1)

この私の解釈は、よく知られている伝統的なマルクス解釈を否定しているのであるが、この解釈によれば、この時期のマルクスは基本的には「フォイエルバッハ主義者」であって、本来のマルクスまでにはまだかなりの距離があったのである。これは、ほかならぬエンゲルスの晩年の回想[2]に由来していたためにあまり疑われずに信じ込まれてきたが、私見によればマルクスについての根本的な誤解に基づいていて、完全に間違っているのである。今日ではこのことに少なからぬ人々が気付いているが、しかし、それにもかかわらず、この説は依然として健在でマルクスの適切な理解を妨げるのに大いに貢献しているように思われる。そこで、以下、この説がどれほど根拠のないものであるかを、そして、問題の時期にフォイエルバッハとマルクスとのあいだには哲学のパラダイム次元においてどれほど決定的な相違が存在していたかを、はっきりとさせておきたいと思う。

(一) フォイエルバッハの宗教批判

予めここで思い起こしておいた方がよいと思われるのは、マルクスが一八四三年の春に新たなパラダイムに移行した後も、一見しただけではエンゲルスの回想が正しかったのではないかとみなさざるをえないような文章を書き残しているということである。そうした文章の代表例の一つは、彼が同年九月にルーゲ宛てに書いたとされている手紙のなかの次のような一節である。

「われわれの全目的は、ちょうどフォイエルバッハの宗教批判においてそうであるように、宗教的および政治的諸問題が自覚的な人間的な形式にもたらされるということ以外にはありえません。(3)」

こうした文章やこれに類した文章を読めば、誰しもこの時期についてのエンゲルスの回想を思い起こし、マルクスもまた一時期「フォイエルバッハ主義者」であったという説もそれなりの妥当性をもっているのではないかなどと考えてみたくなるであろう。だが、少し後でわれわれはここで引用した文章にもう一度もどってくるが、実は、こうした文章があたえる外見的な印象は、多少なりとも立入って分析してみるならば、けっして正確なものでないことがはっきりしてくるのである。

そこで、先ず最初に本来のフォイエルバッハ主義とはどのようなものであったのかを、いいかえるならば、フォイエルバッハの宗教批判のパラダイムを決定的に特徴づけるものは何であったのか、を顧みておくことにしよう。

問題は、そもそもフォイエルバッハが何故なによりも先ず宗教の批判を行わなければならないと考えていたのか、つまり何故この批判を政治その他の批判にたいして優先させなければならないとみなしていたのかということである。従来必ずしも適切に問われてきたとはいえないこの問題にたいしてフォイエルバッハ自身が、『キリスト教の本質』にたいする批判に応えて書いた一評論のなかで非常に興味深く答えているので、それを引用しておきたい。彼は、宗教が感情の問題であるという理由から「宗教を哲学的批判の法廷へ引き出してはならない」と主張していた当時の人々にたいして、それがどれほど非難すべき考えであるかを強調した後で、つぎのように書いている。

「まさに反対である。われわれの悟性が到達するところまで、われわれの使命、われわれの権利、われわれの義務が進んで行く。われわれはわれわれが認識できるものを認識するべきなのである。人類の理論的課題は人類の倫理的課題と同一である。ただ自己の宗教的な感情および欲求を検査する勇気をもっている人間だけが、真に倫理的な人間であり、真に人間的な人間である。自己の宗教的感情の奴隷である人は、政治的にもまたほかならぬ奴隷として扱われるのは、当然なのである。自己自身を意のままにすることができない人は、自己を物質的および政治的な圧迫から解放する力も権利ももっていない。自己自身において自己を暗い、疎遠な存在によって支配させている人は、外的にもまた疎遠な諸力への依存という闇のなかに座ったままでいる。そしてそれ故に、思考の自由に対立して、宗教的感情を弁護する人は、『啓蒙』と自由の敵であり、非開化主義を弁護しているのである。というのは、非開化主義は一切のものを区別なしに聖化してしまうからである。[4]」

続けてフォイエルバッハは、キリスト教徒の宗教的感情がたんに神とだけではなく、同時に悪魔、魔女などとも結び付いてきたこと、それが科学と哲学の発展にたいして本質的に敵対的であったこと、さらに政治にたいしてきわめて否定的に干渉してきたこと、それがはっきりと性格を示してきたところではどこでも「真の人間的なもの、芸術と科学にたいして絶対的に否定的に登場していた」ことを指摘し、「たしかに、本当に、宗教的感情の闇を防御している人の口にかかっては、自由という言葉、啓蒙という言葉は純粋な嘲弄の的である」と述べているが、しかしそれらをすべて詳細に引用する必要はないであろう。[5]というのは、すでにここにフォイエルバッハが、何故に批判がなによりもまず宗教に向けられなければならないと考えていたのかが、実に明確に示されているからである。

引用した文章から伺い知られるように、当然のことであるが、フォイエルバッハもまた人間の隷属のさまざまな形態に注意をはらっていた。したがって、宗教的隷属以外にも政治的な形態の、さらに、おそらく経済的形態をもふくむ物質的諸形態の、隷属も視野に収め、それらのすべての形態の隷属からの人間の解放ということを考えていた。だが、彼の考えによれば、宗教的隷属はその他のさまざまな形態の隷属にたいして特別な位置を占めているのであって、それは後者の諸形態の隷属を決定的に規定しているのである。したがって、宗教的に隷属している人は政治的その他の形態の隷属から自らを解放することができない。これは経験的に確認すべき総合命題であるが、もし実際にその通りであるとすれば、ここからさらにどのような結論が導き出されるかは明らかである。改めて言うまでもないが、それは、要するに、人間がその他の諸形態の隷属から首尾よく解放されるためにも、何よりも先ず宗教的隷属から解放されなければならないということなのである。

ところで、人間が意識の領域で自己を支配することができず、自己を暗い、疎遠な存在によって支配させているという状態は、その人間の自己が疎外されているということに他ならない。そこで、この「疎外」を用いて言い替えるならば、フォイエルバッハは、要するに、宗教的に疎外されている人間は「外的にもまた疎遠な諸力への依存という闇のなかに座ったままでいる」、つまり現実的生活においても疎外されざるをえないということを主張しているのである。したがって、彼の考えによれば、その他の諸形態の疎外を克服するためにも、何よりもまず宗教的自己疎外が克服されなければならないのである。

フォイエルバッハが何故何よりもまず宗教批判を行わなければならないと考えていたかは以上からすでに明らかであるが、こうした人間の隷属の、人間の自己疎外の、諸形態についての彼の思想にたいしては、とりわけ今日ではただちに次のような疑問が提起されうるであろう。すなわち、人間の生活全体において宗教にそれほどの重みをあたえることは、そもそもどの程度の妥当性をもっているのであろうか。むしろ逆に人間がその現実的生活において疎外されているが故に意識の世界においても自己が疎外されるのではないか。こうした疑問が早くも当時若きマルクスによってはっきりと提起され、フォイエルバッハとは真向から対立する解答があたえられていたことをわれわれは直ぐあとで検討するであろう。しかし、その作業に移る前にここでは、念のために、ここでみてきたフォイエルバッハの思想が彼の批判的理論全体を特徴付けるきわめて本質的なものであったことを、もう一つの例を挙げて確認しておくことにしたい。

フォイエルバッハの宗教批判の結論はよく知られているが、とりわけ有名なのは彼が宗教的幻想の破壊を訴えた主張であろう。主著『キリスト教の本質』の最終章で彼は、宗教的自己疎外が最終的にはどのようにして克服されうるかについて次のように述べている。

「宗教にたいする自覚的な理性の関係においてはただ、一つの幻想（eine Ilusion）を破壊することだけが問題である。しかし、これはたしかに一つの幻想にはちがいないが、けっして無作用のものではなく、むしろ人類にたいして根本的に破滅的に作用し、人間から現実的生活の力を奪い、真理および徳の感覚を奪うのである。というのは、それ自体もっとも内的な、もっとも真実な心情である愛でさえも宗教性を媒介として一つのたんなる外見的な、幻想的なものになってしまうからである。なぜなら、宗教的な愛は人間をたんに神のために愛するにすぎず、それゆえに、たんに外見的にのみ人間を愛するだけで、真実にはただ神のみを愛するにすぎないからである。(6)」

宗教的疎外の決定的な克服についてのフォイエルバッハの解答がいかに単純明瞭なものであったかが示されている興味深い箇所であるが、さしあたって大事なことは、ここで愛を例に挙げて彼が宗教的幻想の影響を強調し、その影響で人間から「現実的生活の力」と「真理および徳の感覚」が奪われてしまうと主張していることである。彼がそれとは逆の可能性については、つまり「現実的生活の力」を奪われ「真理および徳の感覚」を奪われるがゆえに人間が宗教的幻想を信じ込むにいたるのではないかということについては、考えていないことは明らかである。したがって、彼の考えによれば、宗教的幻想が破壊されこの幻想から解放されさえするならば、人間は自ずから「現実的生活の力」を回復し「真理および徳の感覚」を回復するはずなのである。「疎外」を使って言い直すならば、フォイエルバッハは、要するに、宗教的自己疎外が克服されるならば、現実的生活における実践的および理論的な諸々の疎外は自ずから克服されるに違いないと考えていたわけである。

フォイエルバッハがその他のさまざまな諸形態の自己疎外にたいする宗教的自己疎外の規定的意義をいかに首尾一貫して考えていたかは明らかであろう。彼が何よりもまず宗教批判が必要だと考え、実際にこの批判を精力的に展開した理由はまさにこの規定的意義にたいする彼の強い確信があったためである。たしかにこうした確信は、当時ドイツで宗教批判を展開していたバウアーなどのヘーゲル主義者たちによっても共有されていた。したがってそれは、フォイエルバッハだけに固有のものであったわけではなかったのであるが、しかしそれなしではフォイエルバッハがフォイエルバッハでありえなかったことも疑いの余地がない。したがって、人がこの確信を抱いていたからといってただちに「フォイエルバッハ主義者」になったわけではないが、しかし、この確信を欠けば、彼が「フォイエルバッハ主義者」と呼ばれるのは到底正当ではありえなかったのである。

そこで、問題はマルクスが、彼がエンゲルスによって「フォイエルバッハ主義者」になったと言われていた時期に、とりわけこの節の最初に引用した手紙を書いていた時期に、この信念を抱いていたのか否かということである。改めていうまでもなく、例え然りであったとしても、つまり彼が同様の確信をたしかにもっていたとしても、それだけではまだ彼を「フォイエルバッハ主義者」とみなすには十分ではない。しかし、もしも否であったとすれば、問題ははっきりしているのであって、彼を「フォイエルバッハ主義者」であったとみなすことは到底できないのである。

以下、そもそもマルクスが宗教的自己疎外にたいしてフォイエルバッハと同程度の重みを付与したことがあったか否かを立入って検討していくことにしよう。

（二）若きマルクスにとっての宗教批判

若きマルクスがフォイエルバッハの『キリスト教の本質』に初めて接したときに、それを彼が、熱狂的な態度などというものからほど遠いきわおて冷静な態度で読み批判していたことは、よく知られているといってもよいであろう。(7) すでにこの事実だけからでも、エンゲルスの回想によって与えられる印象がきわめて疑わしいものであることが知られるのであるが、ここでまず最初に確認しておかなければならないのは、マルクスが、彼が本来のマルクスになっていたとは到底みなされえない時期に早くもフォイエルバッハと同様な観点にたいする批判をはっきりと表明していたということである。

『ライン新聞』時代のマルクスは、ヘーゲル主義者として当時の社会主義的および共産主義的諸思想にたいして独特な批判を展開していたが、一八四二年十一月の末に書いたアーノルト・ルーゲへの一書簡のなかで彼は青年ヘーゲル派のマイエンにたいしてそれらの諸思想にたいして中途半端な態度を採るべきではなく根本的な論評を行わなければならないと主張したと伝えたのちに、序でに宗教批判の仕方についても触れておいたと言って、次のように述べている。

「さらに私は、宗教の批判において政治的状態を批判するよりは、政治的状態の批判において宗教を批判するように要望しました。というのは、このように方向を転換した方が新聞の本質と公衆の教養に照応しているからであり、宗教はそれ自体としては無内容で、天によってではなく、地によって生きていて、それがその理論であるところの転倒した現実の解体とともに自ずから崩壊するからであります。」(8)

これはまことに興味深い文章だといわなければならないであろう。おそらくこれらの文章によって表明されている思想は、『ライン新聞』の執筆者、さらには同紙の編集者としての経験から獲得された教訓を概括したものとみなすことができるが、ヘーゲル主義的観念論が支配し、知識人たちの目がなによりもまず宗教に向けられていた当時のドイツにおいては卓抜なアイデアであったことは疑いの余地がない。そして、改めて言うまでもないが、ここでマルクスがあっさりと主張している思想はフォイエルバッハのところでは登場して来なかったし、またそもそものような余地もなかったのである。というのは、ここで表明されているマルクスの思想は、宗教は「政治的状態」、「転倒した現実」を規定するどころか、逆に後者によって、――「疎外」を用いて言い直すならば――すなわち、疎外された現実的生活によって規定されているのであって、この後者の疎外の克服とともに自ずから崩壊するものだということであり、これは、前節でみてきたフォイエルバッハの思想に真向から対立していたからである。現実的生活における疎外と宗教的自己疎外と関係についてのマルクスの理解は、通常考えられているよりも遥かに以前からフォイエルバッハの見解とは原理的に異なっていたのである。

マルクスが自分が新たに見出した画期的なアイデアとその意義についてどの程度首尾一貫して考え抜いていたのか、とりわけ彼がそれと自己のヘーゲル主義とどのように折り合いをつけていたのかは、定かではないが、しかし彼はまもなく、最初にも述べておいたように、一八四三年三月には哲学的パラダイムの根本的な転換を成し遂げて、ヘーゲル哲学と訣別して行く。そして、以後古いパラダイムを徹底的に突き崩し新たなパラダイムを明晰にし発展させる作業を急速に押し進めて行くのであるが、問題は、その過程で少し前に表明していた新しいアイデアがどのような場所を見出して行ったのかということである。はたしてマルクスはそれは放棄して、バウアーやフォイエルバッハなどの当時の流行の思想を受容したのか――この場合は彼が「フォイエルバッハ主義者」になった可能性が大いにあることになる。それとも、マルクスはそのアイデアに十分な場所を与え、それを一層発展させて行ったのであろうか――改めていうまでもなく、この場合は、マルクスが「フォイエルバッハ主義者」になることは原理的にありえなかったということになる。

哲学的パラダイムの転換の後のマルクスの最初の作業は、たとえ様々の修正を施してのことであったとしてもそれまで彼が基本的に受容してきたヘーゲルの法哲学にたいする壊滅的ともいうべき批判であった。これが未完成の草稿のまま残された『ヘーゲル国法論批判』であるが、この著作においてマルクスは彼の新たなアイデアをそれ自体として明確に論じてはいない。しかし、注目すべきは、そこで展開されているヘーゲルの国家論、彼の君主制、官僚制等々についての理論にたいする批判が、宗教批判を主要な課題としたものでないことはいうまでもないが、それだけではなく、その全体を通じて一度もこの後者の批判の優先性が主張されたりなどということもおこなわれていないということである。マルクスははやくも批判の対象を明瞭に宗教から法と政治へ移していたのである。こうしたことがそのままマルクスが、宗教批判の最重要性を主張していたフォイエルバッハの見解に組みするのではなく、むしろ、彼が少し前に見出だしていた反フォイエルバッハ的アイデアにしたがって振舞っていたことを示しているとみなすことができるということには異論の余地がないであろう。

『ヘーゲル国法論批判』においてマルクスはエンゲルスの意味での「フォイエルバッハ主義者」などになってはいなかったことは明白であるが、しかし、だからといって彼はこの著作で宗教の意義について真正面から論じていたわけでも、彼のフォイエルバッハ的アイデアを明示的に表明していたわけでもない。それにたいして彼は、すでに先に一度引用した『独仏年誌』のルーゲあての書簡――これは「ユダヤ人問題によせて」執筆の直前に書かれたものと思われる――のなかでは宗教批判の意義についても触れ、さらに、先に見てきたようにフォイエルバッハの宗教批判をきわめて高く評価するような文章も記している。この時点でマルクスの観点が根本的に変わったなどということはもとより考えられないが、しかし確かに、マルクスが実際に「フォイエルバッハ主義者」になったということの証拠にされかねないような箇所も含まれている文書なので、少なくとも彼が宗教について触れている箇所はそのまま引用して検討を加えておいた方がよいであろう。

この書簡でマルクスが「現存するいっさいのものの容赦のない批判」[9]ということを強調していることはあまりにも有名であるが、彼が宗教について言及しているのは、この批判の対象をどのように把握すべきかという議論の脈略においてである。パラダイム転換後の彼の視野のなかで、当時最もラディカルな批判を展開していた共産主義的および社会主義的諸潮流がますます重みをもってきていたが、それらの潮流の限界を指摘しつつ彼は、「共産主義それ自体が社会主義の一つの特殊な、一面的な現実にすぎない」という興味深い主張を述べ、その後でつぎのように書いている。

「そして社会主義的原理全体も、それはまたそれで真の人間的存在の実在性（die Realitat des

wahren menschlichen Wesens）にかかわる一側面にすぎないのです。われわれはまたもう一つの側面、すなわち人間の理論的現存（die theoretische Existenz des Menschen）についても同様に考慮しなければならず、それゆえに宗教、学問等々をわれわれの批判の対象にしなければなりません。[10]」

マルクスが、為されるべき理論的批判というものをどのように考えていたかが示されている興味深い文章だといってもよいであろう。ここで彼が主張しているのは、当時の共産主義や社会主義が限界のある仕方で行っていた批判は人間存在の実在性、人間の実践的現存の側面、つまり人間の現実的生活にたいして向けられていたが、批判はさらに学問、宗教等々からなる人間存在の観念性、人間の理論的現存にたいしても、つまり人間の内面の意識の世界にたいしても展開されなければならないということである。さしあたって注目すべきは、マルクスのところで宗教がどのような脈略で登場させられているかということであるが、それがもはや主役ではなく、いわば諸役の一つとしての地位が与えられていることは一目瞭然であろう。たしかにここでマルクスは、人間の意識の世界における宗教がその現実的生活によって規定されているという彼のオリジナルな観点を前面に押し出しているわけではない。しかし、文面から知られるように、人間の現実的生活にたいする批判を発展させる必要性について論じてきた後で、学問のような人間の意識の領域におけるその他の所産と並べて宗教にたいする批判もなされなければならないなどと語っているのであるから、彼がすでにフォイエルバッハとははっきりと異なった観点に立っていた、というよりも後者の限界をきっぱりと超えていたことは明白である。したがって、例えここで明示的に述べられていなかったとしても、マルクスが彼の独自なアイデアを前提にして議論を展開していたことは疑いの余地がない。

さて、ここでのマルクスによれば、人間はその実践的現存と理論的現存からなる、つまりその現実的生活と内面の意識からなる統一的全体なのであり、批判はその両側面にたいして為されなければならない。後にマルクスの継承者によってしばしば主張された極端に単純化された土台―上部構造論を念頭におくならば、何か新鮮な響きをもっているようにみえるこの主張は、いわば理論的批判の戦略を表明したものであって、これが実効性をもつためには、さらに当面の具体的諸問題と結びつけられなければならない。そこで、彼は当時のドイツの焦点ともいうべき問題が宗教と政治――この政治の背後には所有の問題のような経済の領域も視野に収められている――であるということを論じ、そのうえで当面の課題として宗教の批判と政治の批判とを掲げて行く。最初に引用しておいた文章が登場して来るのがこうした文脈においてであることは、もはや改めて指摘するまでもないであろう。そして、こうした脈略のなかにおいてみるならば、あの文章が、マルクスが「フォイエルバッハ主義者」になったことの証拠になるものでは到底ありえないことも、改めて指摘するまでもないほど明らかなのである。というのは、フォイエルバッハが最重要課題とみなしていた宗教批判と並べて政治批判を掲げたことは、マルクスが批判の対象をフォイエルバッハを超えて政治、さらに経済の領域にまで広く拡張していたことを、したがってまた、たしかに黙示的にではあったが、彼の反フォイエルバッハ的アイデアを前提に据えそれにしたがって問題を提起していたことを示しているからである。

だが、それにしてもこの書簡のなかでマルクスは一体何故彼の独自な思想を明示的に呈示しなかったのであろうか。この問題についてさまざまに推測してみることはできる。こうした場合に普通考えられるのは、著者が自己の思想の独自性とその意義についてまだ十分には自覚していなかったのではないかということであるが、同じ著者が少し後に書いている論文のなかで同一の思想が繰返されているので、この可能性は非常に小さかったとみなければならないであろう。むしろ、よりいっそう可能性が大きいのは、『独仏年誌』を準備していたこの時期にマルクスはフォイエルバッハとの統一戦線を考えていたので、後者にたいする当然の配慮をしていたということであろう。この戦術的配慮の結果と見ることがもっとも自然な解釈であるように思われるが、しかしなおその他の可能性も、つまり『独仏年誌』のその他の書簡同様にこの手紙もルーゲによって彼の戦術的配慮にもとづいて書き直されたということも、完全に無視することは出来ないであろう。(11)

(三)「天上の批判」から「地上の批判」へ

さてその理由は定かではないが一時期やや背景に退いていたように見えるアイデアがマルクスのところで再びはっきりとその姿を現すのは、ここで検討してきた書簡が書かれた直後から執筆され始めたのではないかとみなされている論文「ユダヤ人問題によせて」の前半においてである。何よりも先ず注目されるべきは、かって「宗教の批判において政治的状態を批判するよりは、政治的状態の批判において宗教を批判するように」と訴えたマルクスが、この論文でその模範を示しているということである。というのは、当時「政治」のもとにたんに狭義の政治の領域だけではなく、ヘーゲルにならって「市民社会」という言葉で呼ばれていた広大な経済の領域も含められていたが、ここでマルクスは宗教の問題をこのような意味での「政治」にたいする批判と首尾一貫して関連させて論じているからである。彼が自己の反フォイエルバッハ的アイデアをたんに黙示的にではなく明示的にも語っていたということである。彼は「宗教の政治的止揚が宗教の止揚そのものである」などと考えていたブルーノ・バウアーを批判し、それがいかに間違っているかを強調しながら、この論文の前半のなかでつぎのように述べている。

「政治的解放が完成させられている諸国においてさえも、たんに宗教の現存だけではなく、その若々しい、生気に溢れた現存を見出だすとすれば、宗教の定在は国家の完成と矛盾しないということが証明されたことになる。しかし宗教の定在は一つの欠陥の定在であるから、この欠陥の源泉は他ならぬ国家の本質そのもののうちに求められうる。われわれにとって宗教はもはや世俗的な被制限の根拠ではなく、ただその現象にすぎない。それゆえに、われわれは自由な公民たちの宗教的被拘束を彼らの世俗的被拘束から説明する。われわれは、彼らが、自分たちの宗教的披制限を止揚するために自分たちの宗教的披制限を止揚しなければならない、とは主張しない。われわれは、彼らが、自分たちの世俗的諸制限を止揚するやいなや、ただちに彼らの宗教的被制限を止揚すると主張するのである。」(12)

さしあってはバウアーにたいして主張されているのであるが、ここで展開されている思想に、すでに一年近くも前に見出だされていたアイデアが誤解の余地のない明白な仕方で再び登場していることは、改めて指摘するまでもないであろう。「われわれにとって宗教はもはや世俗的な被制限の根拠ではなく、ただその現象にすぎない」という文章や、「われわれは、彼ら〔自由な公民たち〕が、自分たちの世俗的諸制限を止揚するやいなや、ただちに彼らの宗教的被制限を止揚するのである」という文章などは、以前の文章をまさに文字通り再現させたものだといってよいほどであるが、これらの文章によって表現されている思想が、宗教こそが世俗的被制限の根拠にほかならないと堅く信じていたフォイエルバッハの基本的観点をきっぱりと否定していることはまことに一目瞭然である。ここからどのような結論が導き出されなければならないかは、もはや改めていうまでもなく、明瞭だといってもよいであろう。それは、要するに、マルクスが哲学的パラダイムの転換の後にも、それ以前に見出だしていた本質的に反フォイエルバッハ的アイデアを、一時期背景に押しやっていたように見えたにもかかわらず、もとより放棄することなくしっかりと抱き続けていたということである。

ところで、ここで引用した文章を一読しただけでも、マルクスがたんに同じアイデアを維持していただけではなく、それを発展させていたことが伺い知られるが、実際に彼は当時の先進資本主義諸国の歴史的発展を視野に収め、近代ブルジョア革命の限界をはっきりさせようとしながら、そうした脈絡で宗教の問題も具体的に検討を加えていた。したがって、かつて抽象的に宗教がその理論に他ならないとされていた「転倒した現実」がいっそう具体的に把えられるようになってきている。それは、ここで引用した文章のなかでは「世俗的な被制限」、「世俗的な被制約」という言葉で語られているが、それをマルクスは論文全体を通じて出来るだけ明晰にしようと努めているのである。

マルクスによれば、彼が「政治的解放」と呼んでいる近代市民革命によって国家と市民社会が分離され、市民社会の政治的性格が止揚されこの社会が完成させられるとともに、政治的国家が普遍的なものとして確立され完成させられる。では、この新たな事態は人間に何をもたらしたのであろうか。この問題にたいしてマルクスはつぎのような解答をあたえている。

「完成させられた政治的国家はその本質上、自己の物質的生活に対立した人間の類的生活である。この利己的な生活のあらゆる前提は市民社会における国家的領域の外部に、しかし市民社会の特性として、存続している。政治的国家が真の成熟に到達したところでは人間はただたんに思想、意識においてではなく、現実、生活においてもまた二重の生活を、天上の生活と地上の生活とを営む。すなわち一方では政治的共同体における生活であって、そこでは人間は自己を共同存在とみなしている、そして他方では市民社会における生活であって、そこでは人間は私人として活動し、他の人間たちを手段とみなし、自己自身を手段にまでおとしめ、疎遠な諸力の遊び道具になっている。[13]」

マルクスが、ブルジョア革命後の人間の世俗的被制限、世俗的被拘束のもとにどのような状態を考えていたかがここに簡潔に表明されている。彼の考えによれば、市民革命によって成立した新たな社会は、人間の現実的生活に対立した類的生活にほかならない政治的国家と、現実的ではあるが利己的な生活が営まれる市民社会とに分裂している。したがって、この社会において人間は一方ではそこで彼が共同存在とみなされている政治的国家における公民としての生活と、他方ではそこでは彼がたんなる私人とみなされる市民社会における生活の二重の生活を営まざるをえないのであり、さらに前者の土台になるこの後者の市民社会の生活において人間は自己をも他者をも手段にまでおとしめざるをえず、彼が制御できない諸々の力の遊び道具になっているのである。

マルクスの議論は、要するに、ブルジョア革命後の社会において人間はその生活が政治の領域と経済の領域に分裂させられ著しく自己を疎外されざるをえないということであるが、興味深いのは、ここに彼が何故に市民社会における人間疎外を問題にしなければならないと考えていたのかが明示的に示されていることであろう。その理由は、市民社会において人間が手段として取り扱われ目的にまで高められてはいないということであり、さらに、彼ら自身の制御不可能な諸力によってもてあそばれていること、その結果自律的ではありえなくなってしまっているということなのである。今日もなおあまり周知のこととはいえないが、マルクスの批判的思考にはたしかに一定の規範的前提が存在していたこと、さらにはそれがどのような種類のものであったかのかがここにはっきりと示されてるとみなしてもよいであろう。(14)

さて、かつて抽象的に「転倒した現実」という言葉で表していたものをマルクスが今やいかに具体的に把えるにいたっていたかはすでに明らかであるが、さらに注目しておくべきは、マルクスがここで描き出されていたような市民社会の制限、限界にたいして政治的国家がどのような関係に立っていると考えていたかということである。彼はそれらの限界が宗教から生じてきたなどとは、そしてまた、もとよりそれらの限界が宗教によって超えられるなどとも考えていなかったが、すでにヘーゲル的国権主義と訣別していた以上当然に予想されるように、もはや政治的国家にたいしてもなんらの幻想も抱いていなかった。先に引用した文章に続けて彼は次のように述べている。

「政治的国家は市民社会にたいして、ちょうど天上が地上にたいしてそうするのと同様に、精神主義的にふるまう。宗教が世俗的世界の被制限にたいしてそうするように、政治的国家は市民社会にたいして同様に対立し、同様な仕方でそれを克服する。すなわち、政治的国家は市民社会を同様に再び承認し、再建し、自己自身をそれによって支配させざるをえない。⒂」

ここでもまたマルクスがいかに反フォイエルバッハ的観点を堅持していたかが示されているが、さしあたって大事なことは、彼が、『ヘーゲル国法論批判』においてはっきりさせてきた、政治的国家は市民社会の上に立ち市民社会を支配しているように見えても、実際には逆に市民社会によって支配されているという見解を強調していることである。マルクスにとって「転倒した現実」

の問題はなによりもまず市民社会の問題にほかならなかったのである。ここまで議論が進んでくれば、当然、マルクスの理論的関心は宗教はもとよりさらに政治的国家の問題をも超えて市民社会の本性とその克服というテーマに向かわざるをえない。こうした方向は『ヘーゲル国法論批判』のなかですでに提起されていたが、実際に彼が市民社会の問題の重みをますますにはっきりと把えるにいたっていたことは、ここで取り上げている「ユダヤ人問題によせて」の前半の議論の締括りにあたる部分で彼が近代市民革命の意義とその限界を総括しながらつぎのように述べていることからも確認することができる。

「封建社会はその基礎へ、人間へ、解消された。しかし、現実にその基礎をなしていたような人間、すなわち利己主義的な人間へ解消されたのである。

市民社会の成員であるこのような人間が、いまや政治的国家の土台、前提である。彼は政治的国家によってそのようなものとして諸々の人権において承認されている。

利己主義的な人間の自由とこの自由の承認は、しかし、むしろこの人間の生活内容を形成している精神的および物質的諸要素の制御されざる運動の承認にほかならない。

それゆえに、人間は宗教から解放されたのではなく、宗教的自由を獲得したのである。彼は所有から解放されたのではない。所有の自由を獲得したのである。彼は営業の利己主義から解

放されたのではなく、営業の自由を獲得したのである。」(16)

近代ブルジョア革命以前の社会にあってマルクスがこの革命にたいして過大な期待を抱かずにいかに冷静で的確な理解をもっていたかが興味深く示されている箇所であるが、彼の考えによれば、要するに、「政治的革命は、市民的生活をその構成部分に解消するが、それらの構成部分そのものを革命化し（revolutionieren）批判を加えることをしない」のである。(17) その結果、市民革命後の社会にあっては「現実の人間は利己主義的な個体の姿において、真の人間は抽象的な公民の姿において、はじめて承認される」ことになる。マルクスが、こうした市民社会の制御されざる運動に終止符を打ち、人間の個体的存在とその類的存在との対立の構造を破壊することに、市民革命に続く新たな革命の課題があると考えていたことはいうまでもないが、この普遍的人間的解放について差当たって彼がつぎのように語っていたことはあまりもよく知られている。

「現実的な個体的人間が抽象的な公民を自己のうちに取り戻し、個体的人間としてその経験的生活、その個体的労働、その個体的諸関係において類的存在になったとき、人間がその『固有な力』を社会的な諸力として認識し組織し、それゆえに社会的な力をもはや政治的な力の形態で自己から分離しないとき、そのときはじめて、人間的解放が完成されたことになるであろ

う。」(18)

ここにマルクスがたんに、宗教をその理論にほかならないと把えていた「転倒した現実」についての理解を深めてきていただけではなく、その「転倒した現実の解体」についてのイメージもいっそう発展させようと努めていたことが示されているとみなすことにたいしては異論の余地がないであろう。さきにマルクスの思考における規範的前提について触れておいたが、彼がこの革命が実現されたときにはじめて、彼が抱いていた規範的理想も実現される、つまり自己をも他者をも手段にまでおとしめていた人間が現実において目的にまで高められることになると考えていたことは疑いの余地がない。したがって、この箇所は、人間と社会について彼の規範的イメージとその実現の条件についてはっきりさせようと苦闘してきたマルクスが早くもどのようなところにまで到達していたかが示されているまことに興味深い箇所であるとみなさなければならないであろう。

ちなみに、たしかにここにはまた当時のマルクスの限界が表明されていることも看過することができない。とりわけ重要なのは、この箇所がその締括りになっている「ユダヤ人問題によせて」の前半におけるマルクスの市民社会の認識が制限されていたために、類と個体との分裂と葛藤をいかにしたら終わらせることができるのかについては、それからさらに一体それが誰によって成し遂げられうるのかについてもはっきりさせられてはいないということであろう。おそらくそうした限界については当の本人が一番痛切に感じていたはずだとみなすことができる。実際にマルクスは「ユダヤ人問題によせて」の前半を書き上げた後、モーゼス・ヘスなどの影響を受けながら貨幣を中心として市民社会についての理解を急速に深めて行くとともに、(19)さらにその少し後で書かれた「ヘーゲル法哲学批判序説」のなかでは、ドイツの現状とその変革の可能性ということにまで議論を押し広げ、普遍的人間的解放の担い手としてプロレタリアートを見出だすまでにいたっている。まことに目を見張らせるほどの驚くべき進歩だといってもよいであろう。だが、もとよりここではもはやその興味深い過程を追う必要はない。というのは、そうするまでもなく、この論文の初期の目的は以上で十分に果たされているからである。

おわりに

これまでに検討してきたように、マルクスはまだヘーゲル主義者であった『ライン新聞』時代に早くも反フォイエルバッハ的アイデアを見出だしていたが、一八四三年春のパラダイム転換後の、彼がもっともフォイエルバッハに接近していたとみられる時期には、たしかにフォイエルバッハの宗教批判を模範としなければならないなどと主張し、外見的には「フォイエルバッハ主義者」になったかのように振舞ったりしていた。だが、それにもかかわらず、その時期にもマルクスは、フォイエルバッハが抱いていたような宗教的疎外の規定的意義についての確信を共有したことがなかったのであり、さらに、この節でこれまでやや立入ってみてきたように、パラダイム転換後の最初の論文「ユダヤ人問題によせて」の前半では、一時期表面に押しだされてはいなかった反フォイエルバッハ的アイデアが再びはっきりとその姿を現しているだけではなく、新たなパラダイムにそのアイデアが組み込まれ一層発展させられていた。そして、「ユダヤ人問題によせて」の後半以後ではまさにこうした方向でマルクスの思想が深められて行っていることについてはもはや論ずるまでもないので、以上からわれわれはつぎのような結論を導きださなければならないのである。それは、つまり、マルクスは彼がフォイエルバッハに外面的にはもっとも接近していた時期においても内面的にははっきりと後者と対立していたということであり、したがって彼を「フォイエルバッハ主義者」などとみなすことは到底できないということである。「フォイエルバッハ主義者」マルクスというエンゲルスの回想は、長い間真実として受けとめられ、大変な影響力を発揮してきたにもかかわらず、今や、マルクスをめぐる代表的な神話の一つとして取り扱われなければならない。つまり当のマルクスには何の関係もない、むしろマルクスについての完全な誤解に基づく間違った解釈として退けられなければならないのである。

註

(1)この点については拙著『初期マルクスの批判哲学』参照、時潮社、一九八六年。このような筆者の解釈以外にもさまざまな解釈があるが、マルクスのパラダイム転換の時点をどこに求めるかという問題にたいする解答だけでも何種類もの解釈が競合している。この問題については渡辺憲正『近代批判とマルクス』序論参照、青木書店、一九八九年。ちなみにこの興味深い研究書の著者はマルクスの転換点を『独仏年誌』の時期に求めている。

(2)エンゲルスは彼の晩年の有名な哲学的著作『フォイエルバッハ論』のなかで、青年ヘーゲル派の解体過程を回顧しながら、フォイエルバッハの「キリスト教の本質」の解放的役割について触れ、つぎのように書いている。有名な箇所であるが、念の為に引用しておくことにしたい。

「この本の解放的な作用は、それをみずから体験したものでなければ、思い浮べることもできない。その感激は一般的であった。すなわち、われわれはすべて一時期フォイエルバッハ主義者(Feuerbachianer)であった。マルクスがいかに熱狂的に新しい見解を歓迎したか、そしてそれによっていかに彫響されていたか——あらゆる批判的留保にもかかわらず——は、『聖家族』のなかに読みとることとかできる。」F.Engels : Ludwig Feuerbach und der Ausgang der klassischen deutschen Philosphie. Marx / Engels Werke. Bd. 20,. S. 272.

このエンゲルスの回想は、それが他ならぬエンゲルスのものであったために不可疑のものとして大変な影響力を発揮してきた。したがって、その真偽をまともに検討している研究論文はきわめて少ないように思われる。そこで、すでにかなり以前になるが、筆者は以下の論文でこの回想がマルクスについての根本的な誤解にもとづく間違った記述であることを詳細に論じている。今回の研究はこれらの論文をある程度前提にしているので、参照されたい。

「フォイエルバッハと若きマルクス――エンゲルス説の批判的検討――」、立正大学『人文科学研究所年報』第14号所収。

「マルクスと宗教批判」、江川義忠編『哲学と宗教』所収、理想社、一九八三年。
(3) Karl Marx an Arnord Ruge. September. 1843. In : Marx Engels Gesamtausgabe., Ⅲ－Ⅰ., S. 56.
(4) Ludwig Feuerbach : Zur Beurteilung der Schrift "Das Wesen des Christentume". In : Ludwig Feuerbach Gosammelte Werke. Berlin. 1970., Bd. 9., S. 233.
(5) ebd. S. 234.
(6) L. Feuerbach : Das Wesen des Christentums. In : L. Feuertikch Gesamelte Werke. Berlin, 1973. Bd. 5, S. 451.（フォイエルバッハ『キリスト教の本質』、船山信一訳、岩波文庫、下、一六〇ページ）
(7) 前掲「マルクスと宗教批判」参照。また、マルクスが何故きわめて冷静に「キリストの本質」を受け止めたのかの理由については前掲『初期マルクスの批判哲学』第三章参照。
(8) Karl Marx Werke. an Arnold Ruge. November, 1842. In : Marx/Engels Bd. 27, S. 412.
(9) Karl Marx an Arnold Ruge. September, 1843. In : Marx Engels Gesammlausgabe, Ⅲ－1, S. 54.
(10) ebd. S. 55.
(11) ルーゲは『独仏年誌』の刊行を問題にした書簡の一つで「さらに私はバクーニン、フォイエルバッハ、マルクスおよび私のオリジナルにしたがって若干の手紙を書きます」と述べていたそうである。ルーゲが一体どの程度にもとの手紙に手を入れたのかは、すでにもとの手紙が失われてしまっているので、定かではない。この点については、つぎの箇所が参考になる。Marx Engels Gesammtausgabe, Ⅲ－1, S. 54.

(12) K. Marx : Zur Judenfrage. In : MEGA. Ⅰ－2, S. 146.

(13) ebd., S.148〜149.

(14) マルクスの批判的思考の規範的諸前提については筆者もやや立入って検討してきた。前掲『初期マルクスの批判的哲学』参照。ただし筆者の研究は『独仏年誌』期以前のマルクスに限られている。この時期のマルクスの思考の規範的諸前提については、さしあたって次の著書を参照されたい。

Franz von Magnis : Normative Voraussetzungen im Denken des Jungen. Marx. Freiburg. 1975.

(15) K. Marx : Zur Judenfrage. S. 149.

(16) ebd., S. 161.

(17) ebd., S. 162.

(18) ebd.,

(19) ここではもはや論ずることができなかったが、ヘスやエンゲルスから知的刺激を受けながらマルクスは急速に議論を発展させて、「ユダヤ人問題によせて」の後半では「ユダヤ教の経験的な本質であるあくどい商売とその諸前提」とそれらの廃棄ということにまで問題を深めている。

ebd., S. 163〜169.

二　マルクスの哲学としての唯物論

はじめに

「ベルリンの壁」の崩壊につづいたソ連型社会主義システムの自壊から今日にいたるまで、最初から予想されていたことではあるが、諸々のマルクス主義の凋落がいっそう急速にすすんできたことは否定されえない。これまでのマルクス主義の主要な潮流が、基本的にはソ連型社会主義システムのイデオロギーとして機能してきた以上、そのシステムの自壊とともにその急激な地盤低下が生じたのは当然のこととみなさなければならないだろう。この潮流はスターリン主義と呼ばれてきたが、たしかにこの潮流の地盤低下によって生じた全体としてのマルクス主義の凋落には、まさかこれほどまでにと驚かされるところもないわけではない。しかし、この凋落を目の当たりにして、嘆き悲しんだり絶望して自暴自棄になったりするのではなく、それらのマルクス主義に注意深く目をむけるならば、まさに凋落の時期であるがゆえにはっきりと見えてくるものもあることに気づかざるを得ない。それらのうちでもとくに注目しなければならないのは、マルクスに関わってきた人々が、マルクスの唯物論を根本的に誤解してきて、彼らの大部分のところでその誤解が今もなお改められていないということであろう。この誤解は、主に晩年のエンゲルスに由来するもので、実ははるか以前に訂正されていてしかるべきであったのであるが、訂正されるどころか、逆に、諸々の理由からスターリン主義とそれを支えてきた政治的な諸力などによって金科玉条にまで高められてきた。その結果、マルクスの唯物論の理解におけるこの間違いの方が広範に流布させられ、彼の唯物論そのものの方は覆い隠されてきたのであるが、スターリン主義的なマルクス主義が躓いて、衰退してきている主要な原因の一つもここに求められるように思われる。そこで、以下、その間違いがどのようなものであったのかを、そしてまた、その間違いのおかげで隠されてきたマルクスの唯物論の真の有様はどのようなものであったのかを、もっとも基本的な二三の論点にそくして明らかにしておきたいと思う。

（一）マルクスにおける哲学革命

マルクス主義の歴史においてマルクスの唯物論は、『反デューリング論』や『フォイエルバッハ論』（一九二〇年代の後半からは、『自然弁証法』が付け加えられる）において提案されていた晩年のエンゲルスの解釈を模範として理解されてきた。そこで、先ず最初に、エンゲルス的解釈がどのようなものであったのかを『フォイエルバッハ論』にそくして簡単に思い起こしておくことにしたい。

この著作のなかでエンゲルスは、ヘーゲル学派の分裂と解体の過程を顧みながら、マルクス以前にフォイエルバッハによって、ヘーゲル的な観念論に抗して唯物論的な方向が最初に切り開かれたことを指摘し、そのあとでこの唯物論の限界を超えるもう一つの方向としてマルクスの唯物論が登場したことを論じている。前者のもっとも重要な主張はエンゲルスによれば、次のようなものであった。

「われわれ自身が属している質料的な、感性的に知覚可能な世界 die stoffliche, sinnlich wahrnehmbare Welt が唯一の現実的なものであり、われわれの意識および思考は、いかに超感覚的にみえるとしても、質料的な、物体的な機関である脳の産物である……。物質が精神の産物ではなく、精神自身が物質の最高の産物にほかならないのである(MEW. Bd. 21, S. 277.『マルクス　エンゲルス全集』第21巻、二八二ページ)

このような唯物論に到達したことをフォイエルバッハの功績として高く評価した後にエンゲルスは、ただちに今度は、この唯物論が自然観において前世紀の古い唯物論の限界を超えることができなかっただけではなく、さらに人間社会とその歴史の把握においては基本的には観念論に止まっていたことを、明らかにして行く。そして、フォイエルバッハの観念論的傾向が、彼の宗教および道徳についての理論においては際立っていたことを強調し、彼が宗教を克服するのではなく、むしろ人間相互の愛を賛美する新しい宗教によって完成させようと試み、倫理学をヘーゲルにくらべてもはるかに貧弱で抽象的なものにしてしまったと酷評している。エンゲルスのフォイエルバッハ批判は次の文章で締め括られている。

「フォイエルバッハの新しい宗教の核心をなしていた抽象的人間の礼拝は、現実の人間およびその歴史的発展の科学によって置き換えられなければならなかった。」(Ebenda, S. 290. 同前、二九五ページ)

エンゲルスによれば、以上のようなフォイエルバッハの唯物論の諸限界を超える新しい唯物論がマルクスによって創造されたのであるが。それは「一八四五年［実はその前年］にマルクスによって『聖家族』のなかで始められ」、一八四五年の春に書かれた「フォイエルバッハについての諸テーゼ」はすでに「新しい世界観の天才的な萌芽が記録されている最初の文書」と特徴づけられるものになっている。「萌芽」「最初の文書」などの言葉から知られるように、エンゲルスはまさにここでマルクスがフォイエルバッハを超える新しい地平を切り拓くにいたったと考えていたとみなすことができるであろう。では、マルクスが到達した新しい唯物論とはどのようなものであったのか。この問いにたいするエンゲルスの解答は次の通りである。

「ここでもまたヘーゲル哲学からの分離は、唯物論的観点への回帰によって行われた。すなわち、人々は、現実的世界――自然と歴史――を、まえもって受け入れられた観念論的な気紛れ **idealistische Schrullen** なしにそれに近付くものであれば誰に対してもそれが自己を現すままに、把握しようと決心した。人々は、空想的な連関においてではなくそれ〔現実的世界〕自身の連関において把握された諸事実に自己を一致させていないあらゆる観念論的な気紛れを容赦なく犠牲に供しようと決心した。そして唯物論とは一般にこれ以上のことを意味してはいない。まさにここで初めて唯物論的世界観が真剣に取り扱われ、この世界観が、問題になった科学のすべての領域で――少なくとも大体は――首尾一貫して貫かれた。」(MEW. Bd. 21, S. 292. 同前、二九七ページ)

ここから、エンゲルスが把握していたマルクスの唯物論とは、要するに、観念論的な気紛れを排除して、検証可能な科学的知識を発展させることを最大の関心事とする世界観であったことがよくわかる。このようにマルクスの唯物論をもっぱら科学と関連させて規定した後に、続いてエンゲルスは、この唯物論がフォイエルバッハの諸限界をこえて、一方では「自然の連関の弁証法的性格」を、つまりは「自然の弁証法」を明らかにするとともに、他方では、フォイエルバッハの「抽象的人間の礼拝」を克服して、「現実の人間およびその歴史的発展の科学」を発展させ、「人間社会の歴史において支配的なものとして自己を貫く普遍的な運動諸法則を発見する」ことをめざしたことを強調している。とりわけ注目に値するのは、自然の歴史と社会の歴史の相違についで論じつつ、エンゲルスが、前者とは違って後者の歴史が人間によって作られることを指摘しつつも、こうした相違が「歴史の経過が内的な普遍的な諸法則によって支配されているという事実」を少しも変えるものではないと主張していることである（Ebenda. S. 296. 同前、三〇一ページ）。

こうした解釈がエンゲルスによってマルクスの唯物論の唯一の正統な解釈として流布させられることになったのであるが、ここで私たちは、マルクス主義の歴史のきわめてユニークな事実を思い起こさなければならない。それは、まさにその創始者を理解するうえで決定的に重要な諸著作が長期にわたって刊行されないままでいたということである。さしあたってここでは、マルクスによって一八四三年の春から夏にかけて書かれたと推定される『ヘーゲル国法論批判』が一九二七年に、一八四四年の夏に書かれた『経済学・哲学草稿』と、一八四五〜四六年に書かれたエンゲルスとの共著『ドイツ・イデオロギー』の全文が一九三二年に初めて発表されたことを思い起こすだけでも十分であろう。ここで挙げた初期の諸著作を念頭に置くだけでも、それらの著作が発表される以前の時期のマルクス主義者たちの彼らの師についての知識がいかに不十分なものであらざるをえなかったかはよくわかる。

しかし、ここで挙げた諸著作が発表されたことによって、隠されていたマルクスへの通路が一挙に拡張され、この通路を通ってマルクスに近づいてみるならば、伝統的に受け入れられてきたエンゲルスのマルクス解釈がいかに間違っていたかが、ただちに理解できたはずなのである。さしあたってここでは、エンゲルスの解釈の諸欠陥のうちでももっとも容易に把握されえたはずの、マルクスにおける哲学的パラダイムの転換の時点についての理解から検討していくことにしよう。

少し前に見てきたように、エンゲルスはこの時点を、「フォイエルバッハにかんする諸テーゼ」が書かれたと推定される一八四五年春に求めていた。しかし、新たに発表されたマルクスの『ヘーゲル国法論批判』に目を通してみれば、彼が、フォイエルバッハの『哲学改革のための暫定的提言』を読んだことが契機の一つになって、それよりも二年も前に明確に唯物論的観点に到達し、そこからヘーゲル主義的パラダイムを徹底的に突き崩そうと試みていたことがわかる（詳細は拙著『初期マルクスの批判哲学』一九八六年、参照）。まさにこのことを、マルクスの次の文章は異論の余地がないような仕方で凝縮して表明している。

「〔ヘーゲルにあっては〕理念が主体化されていて、国家にたいする家族および市民社会の現実的関係がその内的な想像上の活動として把握されている。家族および市民社会こそはその諸前提なのであり、それらこそは本来活動的なものなのである。しかし、思弁においてはそれが逆立ちさせられている。」(**MEGA. I-1-2, S. 8.**『マルクス　エンゲルス全集』第1巻、二三六ページ)

ヘーゲル哲学と原理的に訣別した観点からこの哲学にたいする根本的な批判が展開されていることは一目瞭然であるが、さらにここで著者が、国家にたいする（家族および）市民社会の関係についておこなっている積極的な主張が、やや大袈裟にいうならば、以後のマルクスの歴史哲学的な議論のすべてがそのコメンタールであったといってもよいほどの重みをもったものであることも明らかであろう。というのは、ここにマルクスの新たな歴史観、つまり唯物論的歴史観のもっとも基礎的な命題が早くもくっきりとその姿を現しているからである。そして、さらにこうした方向にそのヘーゲル哲学批判を発展させることができなかったところにフォイエルバッハの原理的な限界があったとすれば、ここにはまた、マルクスが明確にフォイエルバッハの哲学思想の限界をも超えていたことも示されていたとみなすことができる。したがって、この短い一節から、要するに、一八四三年の春以後のマルクスが、たんにフォイエルバッハのヘーゲル批判を媒介としてヘーゲル観念論を超えていただけではなく、さらにフォイエルバッハの限界をも超えた新たな唯物論の地平を切り拓いていたとみなさなければならないことがわかる。

ここでは『ヘーゲル国法論批判』の一節を検討してきたのであるが、こうしたことは、『独仏年誌』に掲載された二つの論文、「ユダヤ人問題によせて」と「ヘーゲル法哲学批判　序説」をみれば、さらに『経済学・哲学草稿』やエンゲルスがその執筆年を誤解していた『聖家族』を少しでも読んでみれば、いっそうはっきりしてくる。たしかにフォイエルバッハにたいする批判はまだ黙示的であったが、マルクスがヘーゲルの観念論と訣別していただけではなく、フォイエルバッハの唯物論の限界も超える独自な唯物論の地平を拓いていたということは、疑いの余地などはまったくありえない。

したがって、マルクスの新たな思想的パラダイムが一八四五年の春に誕生したかのように考えていたエンゲルスは、完全にマルクスを誤解していたとみなされなければならないのである（詳細は拙稿「エンゲルスの誤解」『唯物論』第69号、一九九五年、参照）。

こうしたエンゲルスの間違いは、『ヘーゲル国法論批判』が発表された一九二七年以後には、さらに『経済学・哲学草稿』が発表された一九三二年以後にはもっとはっきりと把握することができたはずである。したがって、当然この間違いが訂正されなければならなかったのであるが、しかし、そのような方向は基本的にはたどられなかった。『経済学・哲学草稿』が発表されたのは、すでにマルクス主義の歴史におけるスターリン時代が始まっていた時期であった。エンゲルスの間違いは訂正されなかっただけではなく、疑いを抱くことさえも許されない金科玉条にまで高められ、スターリン主義を、さらに後には諸々の新スターリン主義を支えるきわめて重要な支柱の一つとしての地位が与えられることになったのである。

(二) フォイエルバッハの唯物論

マルクスが一八四五年に哲学思想上のパラダイム転換を成し遂げたというエンゲルスの間違った解釈は、スターリン時代に入ってからは単なる間違いではなく、いわば神話にまで格上げされてしまったのであるが、こうしたことが真実であったとすれば、ここから誰しも、当然、スターリン主義や諸々の新スターリン主義などがマルクスの唯物論そのものについても適切な理解を発展させてきたのではなく、むしろ不適切な理解を再生産してきたのではないかと推測してみざるをえない。

ここでもまた問題の出発点は、何よりも先ずマルクスについてのエンゲルスの晩年の解釈に見出だされるが、この解釈は、エンゲルスのフォイエルバッハ批判に密接に関連していた。そこで、先ずエンゲルスがフォイエルバッハの唯物論をどのように批判していたのかをもう一度思い起こしておかなければならない。

すでに見てきたように、フォイエルバッハの唯物論についてコメントしつつエンゲルスは、一方では、ヘーゲル主義的観念論をしりぞけ、「われわれ自身が属している質料的な、感性的に知覚可能な世界」を唯一の現実的なものと認めたフォイエルバッハの観点を「純然たる唯物論」として高く評価していた。しかし、このフォイエルバッハが成し遂げた宗教批判についてのエンゲルスの評価は結局のところきわめて低く、この宗教批判の結論としてフォイエルバッハが掲げた積極的主張にいたっては、エンゲルスによって新たな宗教の提案、「抽象的人間の礼拝」の要求にほかならないと酷評されていた。そして、エンゲルスがこの「抽象的人間の礼拝」にたいして対置したのは、現実の人間とその歴史的発展についての科学であり、現実的人間についての科学的知識であった。ここに、今日にいたるまでマルクス主義者たちによってくりかえされてきたフォイエルバッハ批判の模範が提案されていたのであるが、この批判ははたして適切な批判であったのであろうか。

だが、この問題について検討するためには、その前に、そもそもフォイエルバッハの宗教批判とはどのようなものであったのかを、そしてさらに、エンゲルスが「抽象的人間の礼拝」と呼んだときに考えていた「抽象的人間」とは何であったのかを検討しておかなければならないであろう。そこで、これらの問題を簡単に顧みておかなければならない。

フォイエルバッハの宗教批判がどのようなものであったかがよく示されているのは、彼がその批判を通して宗教というものをどのように把握するにいたったかを語っているところであろう。そこで、ここでは彼がそのような結論を積極的に展開している箇所を選んで引用しておくことにしたい。彼は『キリスト教の本質』にたいする批判に応えた評論の一つの中で、次のように述べている。

「ただ自己の宗教的な感情および欲求を検査する勇気をもっている人間だけが真に倫理的な人間であり、真に人間的な人間である。自己の宗教的感情の奴隷である人は、また政治的にも他ならぬ奴隷として扱われるのは当然なのである。自己自身を意のままにすることができない人は、自己を物質的および政治的な抑圧から解放する力も権利ももっていない。自己自身において自己を暗い、疎遠な存在によって支配させている人は、外的にもまた疎遠な諸力への依存という闇のなかに座ったままでいる。」(Werke. Bd. 9, S. 233.『フォイエルバッハ全集』第10巻、福村出版、三六一ページ)

フォイエルバッハにとって宗教を信じている人間は、「自己の宗教的感情の奴隷である人」であり、「自己自身を意のままにすることができない人」であり、「自己自身において自己を暗い、疎遠な存在によって支配させている人」である。このような人は、フォイエルバッハによれば、

「政治的にも他ならぬ奴隷として扱われるのが当然であり」、「自己を物質的および政治的な抑圧から解放する力も権利ももたず」、「外的にもまた疎遠な諸力への依存という闇のなかに座ったままでいる」ことになる。ここからフォイエルバッハが人間の内面の意識の世界における疎外の問題を考えていただけではなく、人間の外面的な現実的生活における疎外の問題も視野に収めていたことが、そしてまた人間があらゆる形態の疎外から全面的に解放されなければならないと考えていたこともわかる。問題は、フォイエルバッハが前者の人間の意識の世界における疎外が後者の彼の現実の生活における疎外を規定すると考えていたことである。二つの領域における疎外の関係をそのように考えれば、当然、人間が全面的に解放されるためには、何よりも先ず諸悪の根源にほかならない宗教が徹底的に批判されなければならないということになる。フォイエルバッハにとって何よりも先ず宗教と神学、さらには神学的観念論の批判が主要な課題にならざるをえなかったのである。

では、フォイエルバッハにとってもっとも規定的な疎外にほかならなかった宗教的な疎外はいかにして克服されうるのか。この問題にたいするフォイエルバッハの解答はよく知られているが、念のために、大事なところを『キリスト教の本質』から引用しておくことにしよう。この著書の最後のところで彼は次のように述べている。

「宗教にとって第一であるもの、すなわち神、これはそれ自体としては、すなわち真理に従えば、第二のものである。というのは、神とはたんに人間の自己対象的な本質にほかならないからである。そして、宗教にとって第二であるもの、すなわち人間、それゆえに、これが第一のものとして定立され表明されなければならない。…人間の本質が人間の最高の存在であるならば、また実践的にも最高で第一の法則は人間の人間にたいする愛でなければならない。**Homo homini deus est.**〔人間が人間にとって神である〕――これこそは最上の実践的な原則であり、世界史の転換点である。」（Werke. Bd. 5. S. 441. 前掲『フォイエルバッハ全集』第10巻、福村出版、一三二ページ）

フォイエルバッハにとっては、宗教的疎外の止揚は、神が人間にとって最高の存在であるというテーゼを、人間こそが人間にとって最高の存在であるというテーゼによって取り替えることを意味していた。つまり、いわば神最高存在論から人間最高存在論すなわちヒューマニズムへの転換を意味していたのである。フォイエルバッハは、このような転換が成し遂げられ、宗教的疎外が克服されるならば、自らその他のあらゆる形態の疎外も克服されることになり、人間の全面的解放が成し遂げられることになるであろうと考えていたのである。

さて、ここまで来れば、もはや改めていうまでもないが、ここに登場してきた最高存在としての人間の概念、これこそは、エンゲルスが従来の神にかわってフォイエルバッハの新たな宗教の礼拝の対象になったと批判していた「抽象的人間」にほかならない。エンゲルスは、この「抽象的人間」の礼拝を現実の人間およびその歴史的発展の科学によって置き換えられなければならなかったと主張していたのである。

ここで直ちに問題になるのは、フォイエルバッハの最高存在としての人間の概念がそもそもどのような種類のものであったのかということであろう。ここで引用した文章からも知られることであるが、それは人間についてのたんなる記述的概念ではなく、人間についての規範的概念であったのである。この概念は、「人間は…である」という文章の集合や、そこから導き出されうる「人間は…でありうるであろう」という文章の集合から成っているのではなく、何よりも先ず「人間は…であるべきである」という文章の集合から成っている。フォイエルバッハは、そうした文章の集合が「人間は…でありうるであろう」という文章の集合と、さらに「人間は…であることを欲する」という文章の集合とも、調和していなければならないと考えていたが、さしあたって大事なことは、「人間は…である」という文章から「人間は…であるべきである」という文章に通ずる論理的な道は開かれていないということである。「人間は…である」という文章をいくら増加させても、つまり人間についてどれほど知識を積み重ねても、そこから「人間は…であるべきである」という文章を、人間についての願望や理想を、演繹することはできないし、後者を前者に還元することもできないのである。二十世紀に入ってからアインシュタインのような人がしばしば強調していたように、「客観的な知識は、ある種の目的を達成するための強力な道具を提供してくれるが、究極的な目標そのもの、およびそれに到達しようとする憧れは、他の源泉から生まれなければならない」のであり、「われわれの生存や活動は、そのような目標とそれに相応する諸価値を設定して初めて意味をもつことができる」のである（『晩年に想う』より）。要するに、最高存在としての人間についてのフォイエルバッハの概念は規範的な概念であり、したがってこの概念は人間についての記述的概念に、つまりは人間についての客観的な知識には還元されえないのである。

エンゲルスが軽蔑して「抽象的人間」と呼んだ概念がどのような種類の概念であったのかは明らかであるが、彼は、この規範的概念を人間について科学に、人間にかんする記述的概念に還元することが可能だと考えて、フォイエルバッハにたいする批判を展開していたのである。エンゲルスが、人間にかんする規範的概念の独自な質やその機能について適切な理解を欠いていたことは疑いがない。したがって、「抽象的人間の礼拝」を人間についての科学によって取り替えなければならないというエンゲルスの批判はまったく的外れであり、批判としての資格を欠いたきわめて不適切なものであったとみなさなければならない。人間についての規範的概念にたいする信念を「抽象的人間の礼拝」などと揶揄し、そうした信念なしでも現実の人間たちと彼らの歴史についての科学だけで十分にやって行けるかのように主張していたエンゲルスの議論は、話にもならないほど間違っていたのである。まことにアインシュタインが語っていたように、「真理そのものの知識は素晴らしいものであるが、それは案内人の働きをほとんどすることができないので、真理の知識そのものへ向かう熱意の正当さおよびその価値をさえ証明することができない」のである（同上）。

フォイエルバッハは、超自然的存在としての神を退けて、感性的に知覚可能な世界に真のリアリティーをみとめる唯物論に転換したのであるが、この転換は、神を人間にとっての最高の存在とする宗教からの、人間にとって人間こそが最高の存在であるというヒューマニズムへの転換と重なっていたのである。したがって、フォイエルバッハの立場を「聖家族」のなかでマルクスが「ヒューマニズムと合致する唯物論 der mit dem Humanismus zusammenfallenden Materialismu」と規定していたが、これは、彼の唯物論のきわめて適切な命名であったといわなければならない。このようなフォイエルバッハがおこなった転換における不可分の二つの側面をエンゲルスは、完全に切り離し、一方の「純然たる唯物論」を際立たせるとともに、他方をフォイエルバッハにおける否定的で後進的な側面として、それをひたすら否認し退けてしまったのである。これによって、フォイエルバッハがおこなった価値転換の意義は完全に否認され、彼から遺産として継承するに値するものとして残されたものは、きわめて貧弱な、痩せ衰えさせられた唯物論だけということになってしまったのであるが、不幸なことに、こうしたフォイエルバッハ解釈が、エンゲルスの帯びていた権威と結び付けられて、マルクス主義の歴史において文字通りの模範として受け入れられ再生産されることになったのである。いっさいは規範的なものについてのエンゲルスの誤解、というよりは無理解、から生じたのであるが、長い時が流れたにもかかわらず、マルクス主義者たちのところでは今もなお、エンゲルスの間違いが訂正され、フォイエルバッハ解釈が適切なものに充分に改められたとはいえないように思われる。

さて、エンゲルスによるフォイエルバッハの唯物論の理解がどれほど不適切なものであったかは、明らかであるが、こうした態度がフォイエルバッハのところに止まっていたとすれば、エンゲルスがもたらした被害もたいしたこともなくて済んだかもしれない。しかし、彼はたんにフォイエルバッハの唯物論についてだけではなく、まさにマルクスの唯物論についても権威者として語り、この唯物論についての独特な解釈を提供して、その後のマルクス主義に甚大な災いをもたらすことになったのである。

(三)　マルクスの唯物論とは何であったか

先ず最初に、マルクスの唯物論がどのようなものであったのかを彼自身にそくして顧みておくことにしよう。晩年のエンゲルスとは違って、ここで見てきたばかりのように若いマルクスがフォイエルバッハの唯物論を「ヒューマニズムと合致する［一つになる］唯物論」と的確に命名していたことは、彼がこの唯物論を正当に評価し、それを適切な方向に発展させようとしていたことを窺わせるが、彼の当時の著作を読んでみれば、実際にそうした方向で彼がどれほどの努力をしていたかがよくわかる。

マルクスによって一八四三年の秋から一八四四年の一月に書かれた「ヘーゲル法哲学批判序説」は、エンゲルスの影響下にあったマルクス主義者たちのおかげで、マルクスがまだ本来のマルクスになっていなかった時期のものとされてきて、しばしば著しく軽く扱われてきた。しかし、最初の節で述べておいたように、この論文はマルクスにおけるパラダイム転換の後の著作であり、ここには彼がフォイエルバッハの宗教批判を、晩年のエンゲルスの総括とはまったく違う仕方で受け止めていたことが、明確に表明されている。この論文の冒頭でマルクスが、ドイツにおいては宗教批判が本質的には果たされていることを確認した後で、「宗教の批判はあらゆる批判の前提である」と主張していたことはよく知られている。問題は、マルクスがこの前提をどのように理解していたのか、さらにそこから出発して批判をどのような方向に発展させようとしていたのか、である。同じ論文のなかでマルクスは次のように書きしるしている。

「ラディカルであるということは、事柄を根本において把握することである。だが、人間にとっての根本は人間自身である。ドイツの理論がラディカリズムである明白な証明、したがってその理論の実践的エネルギーの明白な証明は、その理論が宗教の決定的な、積極的な止揚から出発したところにある。宗教の批判は、人間が人間にとって最高の存在であるという教説をもって終わる。したがって、人間が貶められ、隷属させられ、見捨てられ、蔑視された存在となっているような一切の諸関係…を覆せという定言的命令をもって終わるのである。」（MEGA. I -1-2. S. 177.『マルクス　エンゲルス全集』第1巻、四二二ページ）

ここにはマルクスが、ドイツにおける宗教批判をきわめて高く評価し、まさにこの批判のおかげでドイツの理論がラディカルに、つまり真に革命的になることができたとみなしていたことが示されているが、注目すべきは、そのさいにマルクスが念頭に置いていたのが、宗教批判が超自然的存在である神を否認して感性的世界を唯一の現実的なものと認める唯物論に結びついて行ったことだけではなく、この批判が、神ではなく人間こそが人間にとって最高の存在であるという結論に到達したことであったということである。すでに見てきたように、エンゲルスは、フォイエルバッハにおけるこの人間最高存在論を「抽象的人間の礼拝」をすすめるものとして徹底的に非難していたが、マルクスはまさにその人間最高存在論こそは、自分たちが継承すべき最高の価値をもつもので、批判をさらに発展させていくうえでの前提になるものだと考えていたのである。

若いマルクスがフォイエルバッハのどのようなところを高く評価し、自己の理論的活動の前提に据えようとしていたかは、明らかであるが、もとよりマルクスはこの時期にはすでにフォイエルバッハの限界を超えていた。フォイエルバッハは、何よりも先ず宗教的幻想を破壊し、人間最高存在論を、つまり新たなヒューマニズムを採用することを訴え、人間の内面の意識の変革をめざして努力をしていた。ここで、マルクスはさらにこの反宗教的ヒューマニズムを発展させて、それを、「人間が貶められ、隷属させられ、見捨てられ、蔑視された存在となっているような一切の諸関係」に、つまりは人間が創り出した地上の神々に対置させ、人間を圧倒しているそれらの諸関係、それらの神々を実践的に廃絶し、人間が現実において最高の存在になるように現実を変えなければならないと訴えているのである。つまり、マルクスは、フォイエルバッハにおける「最高の存在」としての人間の概念を「抽象的人間の礼拝」として放棄するのではなく、その規範的概念そのものを発展させることによって現実的生活における人間の疎外にたいする批判を発展させるとともに、この疎外を克服して人間が最高の存在として扱われるように現実的世界を変革することを訴える方向に向かったのである。

要するに、マルクスの新たな唯物論はフォイエルバッハの唯物論の諸限界を超えていたが、しかしマルクスは、彼の人間最高存在論すなわちヒューマニズムを高く評価し、それを文字通り止揚していた、つまりたんに否認したのではなく、保存し発展させていたのである。先に見てきたように、マルクスは、フォイエルバッハの唯物論を「ヒューマニズムと合致する唯物論」、すなわちヒューマニズム的唯物論あるいは唯物論的ヒューマニズムとみなしていたが、マルクスは、このフォイエルバッハの唯物論を、人間がそこにおいて疎外されている世界の実践的変革を訴える実践的ヒューマニズム的唯物論あるいは実践的唯物論的ヒューマニズムの方向に発展させたのだとみなすことができるであろう。フォイエルバッハのヒューマニズム的側面をまったく評価することができなかった晩年のエンゲルスは、マルクスがフォイエルバッハのまさにそうした側面を高く評価しそれを発展させることも評価することができなかった。エンゲルスはフォイエルバッハの唯物論についてその肝心のヒューマニズム的側面を新たな宗教の創造にほかならないと徹底的に非難するような態度を取ってきたが、そうした態度をマルクスの唯物論にたいしても取り続け、この唯物論の大事な側面を切り捨てて、その結果、痩せ細らせて似ても似つかぬものにしてしまったものを、マルクスの名前をつけて提供していたのである。

(四)「人間的社会あるいは社会的人類」

フォイエルバッハにおける規範的概念——エンゲルスがまったく注目しなかった、否、注目して、徹底的に葬り去る必要があると考えた側面——をそれ自体として発展させることが、マルクスにとってどれほど重要な意味をもっていたかは、すでに以上だけからも明らかになったといってもよいであろう。ここでマルクスにおける規範的概念の発展を詳細に追うことはできないが、彼はこの概念を『ヘーゲル国法論批判』、『独仏年誌』上の二つの論文から始まって『経済学・哲学草稿』、『経済学ノート』を経て『聖家族』にいたるまで絶えず発展させ明晰にしようと努めていた。問題は、そうしたマルクスの努力が、ここで挙げたいわゆる初期マルクスの諸著作において、つまりエンゲルスの解釈によれば、まだマルクスが「フォイエルバッハ主義者」であった時期において、見出だされるだけであって、いわゆる後期マルクスのところではもはや見出されないのではないか、ということである。こうしたことは、新旧のスターリン主義の信奉者たちやスターリン主義の構造主義的諸変種の擁護者たち（さらに物象化論者たち）によって似たり寄ったりの仕方でくりかえし強調されてきたが、はたして、彼らの主張にはそれなりの正当性があったのであろうか。

先ず最初に、エンゲルス以来の伝統にもとづいてスターリン主義者たちが後期マルクスの出発点に置いてきた「フォイエルバッハにかんする諸テーゼ」に目を向けて見よう。実は、この短いテーゼ集のなかには、彼らにはとうてい適切には処理することができなかった非常に重要なテーゼがふくまれていたのである。それらのテーゼは次の通りである。

「9　観照的唯物論、すなわち感性を実践的な活動として把握しない唯物論が到達する最高の高みは、個々の諸個人と市民社会の観点である。10　古い唯物論の観点は市民社会であり、新しい唯物論の観点は人間的社会あるいは社会的人類 die menschliche Gesellschaft oder die gesellschaftliche Menschheit である」(MEW. Bd. 3, S. 9.『マルクス　エンゲルス全集』第3巻、五ページ)

ここでマルクスは「観照的唯物論」、「古い唯物論」という言葉で一般化して語っているが、これらのテーゼが含まれているテーゼ集全体の脈絡からみて、彼が、何よりも先ずフォイエルバッハの唯物論を念頭に置いていたことは疑いがない。たしかにフォイエルバッハも、「人間の本質を共同体のうちに置く」ことを強調して「共同人 Gemeinmensch、共産主義者 Kommunis」であることを宣言したりもしていたので、彼が到達した「最高の高み」が市民社会の観点であったとみなしてもよいか否かについては、疑問が残らないわけではない。しかし、マルクスが念頭に置いていたこの哲学者の宗教批判および観念論批判に注目する限りでは、その基本的な主張ははっきりしていて、要するに、宗教的および観念論的幻想と訣別して、新たなヒューマニスティックな唯物論あるいは唯物論的ヒューマニズムの観点に立つべきだということであった。したがって、フォイエルバッハにしたがって、市民社会で生きている人間が宗教的幻想と訣別し、人間こそが人間にとって最高の存在であると主張する立場に立ったとしても、彼の意識を変えるだけで市民社会の実践的変革を訴えることもせず、この社会を少しも現実的に変えるのではないとすれば、その人間がまた別の意識をもって前と同じ市民社会で生きている自己を見出だすことになるのは当然である。したがって、彼の観点は、結局のところ、個々の個人と市民社会の観点であったということになるであろう。

それにたいして、この市民社会において人間が疎外されていて、まだ人間が最高存在になってはいないことを明らかにし、そのうえでこの市民社会を覆して、そこにおいて人間が最高の存在になることができるような社会を創造することを訴えるとすれば、このような唯物論が前者の唯物論とは質的に異なった新しい立場になることはいうまでもないであろう。したがって、ここで引用したマルクスの文章には、すでに彼がフォイエルバッハを超えた新しい唯物論の立場に立っていたことが明確に表明されていたことになるのであるが、問題はここに登場してくる「人間的社会あるいは社会的人類」である。

この概念が表しているのが、マルクスが「経済学・哲学草稿」などで描き出してきた未来社会の構想を発展させたもので、現に存在している社会ではないことはいうまでもないが、また、歴史の必然的発展の結果としてもたらされる社会ではないことも明瞭だといってもよいであろう。というのは、ここで引用した二つのテーゼの後に続いているのは、大事なことは世界を変えることだと主張している有名なテーゼだからである。もしもマルクスが「人間的社会あるいは社会的人類」が必然的に到来すると考えていたとすれば、そもそも世界の変革を訴える必要もなかったはずである。まさにそうではなかったからこそ、つまりその未来社会が必然的にやってくるわけではないと考えていたからこそ、したがってたんなる可能性の一つであって、もしもその実現のために行動するのでなければ、けっして実現されえないと考えていたからこそ、世界の変革を訴えたのではないか。したがって、マルクスにとってそれは、たしかに可能な社会、それでありうる社会であったが、しかしまたまさに彼がそれであるべきだと信じていた社会でもあったのである。要するに、「人間的社会あるいは社会的人類」はたんなる記述的概念ではなく、マルクスにとって、それでありうるし、またそれであるべきである社会を表す概念であり、つまりは社会にかんする規範的概念でもあったのである。

ここで取り上げている問題がマルクス研究にとっては過去の問題ではなく、まさに現在の問題でもあることを一例だけを挙げて示しておくことにしたい。最近『マルクスの哲学』が翻訳されたエティエンヌ・バリバールは、一九三〇年の前後にマルクスの初期の哲学的諸著作が初めて発表されたという事実やその意義について少しも論ずることなく、エンゲルス説を極端化した師のアルチュセールが強調していた一八四五年断絶説をそのまま採用しているが、そうしたことの結果として当然バリバールは、マルクス哲学の出発点を「フォイエルバッハにかんする諸テーゼ」に設定して議論を展開している。そして、彼はこのテーゼ集から半分ほどを抜粋してそのまま紹介しているのであるが、ここで引用した第九、十番目のテーゼは省かれていて、規範的な概念である「人間的社会あるいは社会的人類」は登場させられていない。多少変わり種のスターリン主義のフランス版のスポークスマンであったアルチュセールの弟子であったバリバールが、何故このような省略をおこなったのかについては容易に推測することができるようにみえる。どのような形態であれ、エンゲルス的実証主義をカリカチュア化させたスターリン主義は、そもそも規範的なものを論ずる枠組みをもたないので、引用しないで無視して通り過ぎることしかできないのだ、と。

ところが、少し後になってバリバールは、「フォイエルバッハにかんする諸テーゼ」について次のように述べているのである。

「『テーゼ』がわれわれに語っている革命的実践とは、あるプログラムを、社会のある再組織化計画を実現すべきものではないし、やはりそれは…哲学的および社会学的な理論によって提起された未来のヴィジョンに依存すべきものでもない。」(『マルクスの哲学』三五ページ)

マルクスにおける世界の変革の訴えは、先に指摘しておいたように、現実の市民社会を覆して「人間的社会あるいは社会的人類」を実現するための現実的な活動の訴えであった。そして、この規範的概念で表現されていたのは何らかの計画などというものではないとしても、「哲学的および社会学的な理論によって提起された未来のヴィジョン」の一つであったことは疑いないであろう。したがって、ここでバリバールは、まさに未来のヴィジョンが語られているテーゼを引用しないでおいて、読者に向かって、マルクスのテーゼ集では未来のヴィジョンが語られていなかったかのように、そしてこのヴィジョンの実現のための行動として世界の変革が語られていたのではないかのように、書いているのである。もともと著者はアルチュセールとともにスターリン主義に結びついてマルクス主義の革新にブレーキをかけ、道理を押さえて無理を通そうとして、マルクス研究の領域を荒廃させてきた人物であるが、こうした箇所などをみると、まことに詐欺的な手法を採用していて、落ちるところまで落ちたものだと感心せざるをえない。

マルクス主義のスターリン主義的変種をフランスで説いてきたバリバールのケースは、要するに、マルクスにおける規範的概念が、スターリン主義によって汚染された人々のところでは、今もなおどのように取り扱われているかを教えてくれている。彼らは、マルクスのところに規範的概念が存在することを隠し、その上で、彼のところにはそのような種類の概念は存在しなかったと大声をあげたりしているのである（同様なスターリン主義的汚染が、最近評判のゴルデル『ソフィーの世界』にも見いだされる。拙稿「『ソフィーの世界』のマルクス」参照『マルクスの二一世紀』所収、学樹書院）。

さて、後期マルクスの出発点におかれている「フォイエルバッハにかんする諸テーゼ」において、彼が規範的概念を存続させ。発展させようと努めていたことをみてきたのであるが、さらにこの時期以後のマルクスの著作を注意深く検討して見ると、実際に彼が、ここでみてきた規範的概念を発展させながら資本主義にたいする批判を深めるとともに、他方ではそれらの概念を前提にして彼の未来社会論をいっそう豊かなものに発展させようと努めていたことがわかる。さしあたってここでは、マルクスが理想の未来社会をどのように考えていたのかについてだけ簡単に触れておきたい。しばしばマルクスは理想を説かなかったかのようにみなされてきたが、実際のマルクスは、饒舌というほどではないとしても、さまざまな箇所で理想の未来社会について語っている。そのもっともよく知られた代表例は、「資本論」の商品論の最後の節に書かれている次の言葉である。

「共同体的な生産諸手段でもって労働し、彼らの多数の個人的諸労働力を自覚的に一つの社会的な労働力として支出する自由な人間たちの連合」(MEW. Bd. 23. S. 92.『マルクス　エンゲルス全集』第23巻、一〇四ページ)

ここで描き出されているのは、マルクスが理想としていた共産主義社会の骨格であるが、キー・

コンセプトとして登場しているのは、中央におかれている「労働する……自由な人間たちの連合」、そしてそれを支える「生産諸手段の共同体的所有」と「生産の計画化」である。いずれも規範的な性格をもった概念であることはいうまでもない。さらに「資本論」の他の箇所ではマルクスはこの未来社会における「必然の国」の彼方の「真の自由の国」について語ったりもしているが、そこでは「自己目的として認められる人間的な力の発展」などという概念さえも使われている。社会科学者にとっては頭痛の種の一つでしかなかったかもしれないが、この「自己目的」（あるいは「目的」）がマルクスによって規範的性格をもった概念として使われていたことは、異論の余地がないであろう。マルクスが、この共産主義社会がどのように段階的に発展して行くかということについて非常に興味深いシナリオを考えて行くことも知られているが、それらのいずれの段階のものであってもマルクスの共産主義的な未来社会の概念は、非常に明確に規範的な性格をもった概念によって構築されていて、それ自体が規範的な性格をもっていた。したがって、ここから導き出すことができる結論は、要するに、マルクスの疎外論的な資本主義批判が規範的諸概念なしにはありえなかったように、彼の共産主義的な未来社会論も規範的諸概念なしにはありえなかったということなのである。

エンゲルスのおかげで、いっさいの規範的概念を排除し科学的知識のみを重んずる実証主義の信奉者のように描き出されてきたマルクスとはちがって、実際のマルクスはその晩年にいたるまで絶えず規範的諸概念を明晰にし、それらの概念に基づいて人間と社会の理想を明確に描き出そうと努めていた、つまりは実践的なヒューマニズム的唯物論の信奉者としてふるまっていたのである。

最後に注意しておきたいのは、たしかにマルクスも理想の未来社会ついてエンゲルスと同様に歴史の必然的発展の成果として把握していたように見えないわけではないところもあったということである。そこで、多くの人たちはしばしばなんとなくエンゲルス説に屈服してきたりしたのであるが、しかし、実はそうした箇所でさえも、注意深く検討するならば、マルクスが、もしも人々がその理想に向かって行動するならば、そのような結果が成果として到来するにちがいないと考えていたことがわかる。ここで「もしも」を使ったが、同様な脈絡でこの言葉を使いながら、ユーゴスラヴィアの哲学者ミハイロ・マルコヴィチが次のように述べたことがある。

「この『もしも』は、一つの本質的な区別を前提にしている。この区別をまったく無視する人々は、倫理学はマルクス主義とは調和しえないのだ、と主張している。この『もしも』抜きのマルクス主義なるものはマルクスの哲学と共通するものを何らもたない。」(『実践の弁証法』岩田昌征・岩淵慶一訳、一九七〇年、一〇〇ページ)

ソ連型の社会主義システムの不様な自己崩壊を目の当たりにしてきて、そのイデオロギーの本質的な諸欠陥について考えてきた者であれば、今や、誰しもここで主張されていることの重みを十分に受け止めることができるのではないであろうか。

おわりに

かつて日本の稀有な独創的思想家の一人が、エンゲルスの「空想から科学へ」を検討して、そこに潜んでいた躓きの石を見出だしたことは、あまり知られていない。大杉栄は一九一四年に発表した一評論のなかで次のように述べていた。

「経済的行程が道徳をつくるということをあまりに大まかに主張した社会主義の哲学の前には、あらかじめ各個人の道徳的性質を説くがごときは、もとより無駄事であったのであろう。しかし、社会主義が躓いたのは結局この石であった。…社会主義はその数十年間の苦戦苦闘の後に、その理論においても運動においても、ますますその最初の目的と遠ざかり去った。…かつてその味方たりし真に自覚せる労働者の群が、今やかえって、これを敵視し蛇蝎視するまでに至った。そして、その主たる所因の一つとして観るべきものは、要するに、社会主義哲学のこの誤謬である。」（大杉栄「生の創造」）

書かれてからすでに八十年以上も経ったのであるが、今もなお新鮮な印象を与えるのは、批判の対象になっているエンゲルスの思想が相変わらず生き延びてきているからであろうか。ソ連型社会主義の崩壊を目の当たりにして茫然自失し、いっさいの社会主義思想と別れを告げた人々はともかくとして、まだ社会主義の理想には信じるだけの価値があると考えてきた人々は、これまでの社会主義思想について否応なく批判的検討を迫られてきた。そして、この思想に少なからぬ人々が、ここで書かれているのと似たり寄ったりの石を見出してきたのではないか。

マルクスの唯物論にたいして、マルクスの名前のもとに晩年のエンゲルスが提供した唯物論は、空想や幻想を駆逐するとともにいっさいの規範的概念やそれらの概念に基づく理想までも否認し、いっさいを実証的な知識に還元しようとする傾向を強くもったあからさまな実証主義であった。この実証主義は、当然それでやっていけるような世界についてのイメージが必要であるが、それを提供していたのが、歴史の発展についての機械的決定論的傾向をもった理解をふくむ弁証法についての理論であり、これらの二つのものは相補的な関係にあったとみなすことができるであろう。このようなエンゲルスがマルクスの名前のもとに提供した実証主義は、現実にたいする適切な批判的意識の発展に貢献したというよりは、むしろ批判的意識の発展の障害物になり、その退化を引き起こしてきたといってもけっして過言でないのではないか。そして、社会主義を歴史の必然的発展の産物として描き出した彼の未来社会論は、たしかにまだ力が弱い革命的勢力の励ましになったところもあったかも知れないが、しかし実際には、社会主義者たちの理想を明晰にし、それを実現したいという憧れを強めたりするよりは、彼らの理想を不明瞭にし、憧れを枯らしてしまうことに貢献してきたのではないであろうか。つまり、エンゲルスがマルクスの唯物論の名のもとに提供したものこそは、結局のところ、先の大杉栄の言葉をそのまま使い続けるならば、社会主義運動の躓きの石であったのではないであろうか。

たしかに、ソ連型社会主義システムの自己崩壊などのことを念頭におくならば、この石だけが社会主義運動の躓きの石であったわけではないことは明らかである。しかし、マルクス主義の歴史に与えてきたエンゲルスの影響は大きく、彼が置いた石の重みもけっして小さいものではない。この石を取り除き、マルクス主義の長い歴史においてその真価を発揮する機会にめぐまれなかったマルクスの実践的ヒューマニズム的な唯物論を復権させ発展させることこそは、今日マルクスの精神でものを考えようと思っている者にとっての最大の課題の一つであることは疑いがない。もちろん、マルクス唯物論の真姿が見出だされたとしても、二十世紀の社会主義運動が残した負の遺産があまりにも大きいために、それが直ちに広範な支持者を見出だす可能性はけっして大きいとは思われないが。

三　マルクスの哲学の運命

はじめに

東欧諸国やソ連における社会主義の崩壊をめぐってさまざまな議論が積み重ねられてきているが、この崩壊によって何よりも先ずソ連型社会主義の理論の破綻がはっきりさせられたとみなすべきであるということは早くから共通に了解されてきた。そして、さまざまな人々によって強調されてきたのは、さしあたって問題はスターリン主義的理論であっても、この理論はレーニンの理論、さらにはマルクスの理論を継承したものであり、したがって、前者の破産は、とりもなおさずレーニンの理論の、さらにはマルクスの理論の破産にほかならないということである。[1] こうした議論は直接的には、主にソ連型社会主義を崩壊に導いた社会主義理論を問題にしているのであるが、[2] しかしいずれも多かれ少なかれ、この理論に結び付いている哲学的理論にまで言及している。その社会主義理論に致命的な間違いがあっただけではなく、さらにはその基礎に置かれていた哲学的理論にも本質的な間違いがあったのではないかというわけである。そしてここでもまたスターリンはレーニンの、さらにはマルクスの直系の弟子であったとみなされ、スターリンの哲学だけではなく、レーニン、さらにマルクスの哲学までもが批判され、厳しく糾弾されている。その代表例は、ペレストロイカを押し進めたゴルバチョフの下で大いに活躍したヤコブレフのような人によって次のように明確にあたえられている。

「マルクスは初期の著作で述べた人間性と愛とにかんする見解を最終的には放棄した。マルクスはモラルに基づく正義を論ずることはもうなかった。…それが昂じて、革命と共産主義の利益に適うものなら何でも道徳的であるという主張にいたる。…マルクス主義がしたことは、結局、われわれを奈落へ突き落とし、立ち遅らせ、良心を根絶やしにすることだった。」[3]

これは旧ソ連の解体の必要性を痛感しそのために重要な役割を演じた人物の文章であるだけに注目するだけの価値が十分にあるが、さしあたって大事なことは、ここで引用した一節の最後の文章に表明されている見解には否定されえない真実が含まれていて、その限りで誰しもマルクス主義の有罪宣告を承認せざるをえないということである。だが、問題は有罪なのはどのようなマルクス主義なのかということである。私もまた、すでに多数の人々によって論じられてきているように、スターリンと新旧のスターリン主義者たちのマルクス主義が有罪であったことは疑いがないと考えているし、また彼らに圧倒的な影響を及ぼしてきたレーニン、さらにはエンゲルスの責任もきわめて重いと考えている。だが、ここで主張されているように、はたしてマルクスもまた本当に有罪であったとみなすべきなのであろうか。そして、それ故に、ヤコブレフのようにスターリン主義とともにマルクスの哲学もまた投げ捨ててしまわなければならないのか。以下、この問題をマルクス主義哲学史全体を顧みながら検討し、実際にはマルクス自身はこの歴史にほとんどまったく影響をあたえてこなかったこと、したがってまたそもそも彼の責任を追及すること自体が不可能であることを明らかにし、さらに、これまでのマルクス主義の歴史の終焉は、マルクスから始まる本来のマルクス主義の歴史を発展させるための条件を整えてくれたのだと見做すこともできることを示唆しておきたい。

(一) エンゲルスによる封印

マルクス主義哲学の歴史におけるきわめて重要な事実であり、非常に大きな意味を持っているにもかかわず、その事実も意味もあまりよく理解されているとはいえないことがある。それは、今日ではマルクスの哲学を理解するうえで不可欠の重要な著作とみなされている彼の諸著作が、長期にわたって発表されないままでいたということである。(4)

まず最初に挙げられべきは『ヘーゲル国法論批判』であろう。この草稿は一八四三年の春から若きマルクスが、それまで彼が依拠していたヘーゲル主義的パラダイムを徹底的に突き崩し新たなパラダイムを基礎づける作業に初めて本格的に取り組んだものであるが、この貴重な著作はようやく一九二七年になってから初めて公刊されている。この草稿を読むことができなければ、マルクスにおいてヘーゲル主義からのパラダイム・チェンジがいつごろ、どのようにして成し遂げられたかがわからないので、彼の哲学思想についての理解がきわめて不十分なものにならざるをえない。

だが、より一層重要な事実は、今日ではよく知られているマルクスの『経済学・哲学草稿』やその前後に書かれた経済学研究ノートが公表されたのが、ようやく一九三二年になってからであったということである。一八四四年の夏に書かれた『経済学・哲学草稿』は、マルクスが一方では経済学の批判を本格的に開始し、労働疎外の概念を中心に据えたユニークな近代資本主義社会批判を展開するとともに、この社会を超えた未来のきわめて高邁な共産主義社会を描き出そうと試みた著作で、まさにここにいたって著者の新たなパラダイムの基本的な構図がトータルに素描されたのである。したがって、もしこの草稿をまったく読むことができなかったとすれば、ヘーゲル主義との訣別の後にマルクスが新たなパラダイムをいかにして急速に発展させていったかをつかむことができなくなり、彼についての理解が著しく制約されざるをえなくなる。(5)

この草稿を書いた後でマルクスはいよいよ、彼が開発した新たなパラダイムに基づいて当時のドイツの左派ヘーゲル主義の批判に乗り出すのであるが、その成果がエンゲルスとの共著『聖家族』および『ドイツ・イデオロギー』であった。後者には、前者にはなかったフォイエルバッハおよびシュティルナーにたいする批判、共産主義革命とその諸前提についてのきわめて興味深い議論などが展開され、後にマルクスが『哲学の貧困』、『共産党宣言』、『経済学批判』の「序言」などで表明することになる有名な諸思想が姿をあらわしていて、マルクスの思想形成過程を理解する上からも重要な意味を持っている。(6) だが、まさにこの『ドイツ・イデオロギー』もその全文が公表されたのは、ようやく一九三二年になってからであった。もしこの著作を読むことができなかったとすれば、マルクスがいつ頃、またいかに彼の新たなパラダイムを発展させていたのかを知ることができなかったことは明らかである。こうした事実にさらに、マルクスの『一八五七〜八年の経済学草稿(経済学批判要綱)』が一九三九年、一九四一年に、そして『一八六一〜三年の経済学草稿』の全文がようやく一九七〇年代に入ってから始めて公表されたという事実が付け加わる。これらの草稿が哲学的次元に属するとみなされうる文章を多量に含み、一八四四年の『経済学・哲学草稿』との連続性が明白に看取されうることは、今日では多数の研究者によって認められている。

さて、以上でみてきた事実は何を意味しているのであろうか。なによりもまずそれは、一九二〇年代の後半から一九三〇年代の前半にいたるまでマルクスの哲学を知るうえで決定的といってもよい意義をもっていた諸著作が公表されていなかったので、それ以前の時期の諸世代のマルクス主義者たちの彼らの師についての知識はきわめて不十分なものであらざるをえなかったということである。マルクス主義の歴史において大きな役割をはたしてきた人々、すなわちカウツキー、ローザ・ルクセンブルグ、プレハーノフ、レーニン、グラムシ等々は、彼らにとってやむをえない知識不足のおかげでマルクスの思想形成過程を十分に理解することができず、とりわけ彼の哲学的パラダイムを適切に理解することがきわめて困難であったとみなさなければならないのである。

だが、もとより困難であるということはまだ不可能であるということを意味するわけではない。たしかに、ここで挙げたような人々は、彼らが利用できた文献が非常に限られていたので、マルクスを理解するという課題を解決することが大変難しかったのであるが、しかし、改めて指摘するまでもなく、この課題を実現するための通路が完全に閉ざされてしまっていたというほどではなかった。例えば、レーニンの場合、マルクスの学位論文を読むことはできたし、『ライン新聞』に掲載された出版の自由、木材窃盗取締法などについての論評、さらに、『独仏年誌』の二論文、『聖家族』、『哲学の貧困』などから『資本論』、『フランスの内乱』等々にいたるまで多数の著作を読むことができた。したがって、マルクスについて彼の思想的パラダイムの転換、新たなパラダイムの拡充という過程を立ち入って正確に把握することはできなかったとしても、しかしこの新たなパラダイムについての適切な解釈に到達することが不可能であったというわけではなかったのである。[7] だが、実際には他の人々におけると同様にレーニンにおいてもそのような適切な解釈は見出だされえず、したがってまたマルクスの哲学の顕著な影響も見出だされない。そして、マルクス主義哲学の基本的文献として彼が「『共産党宣言』と同じく、自覚した労働者の誰もが必ず座右に置くべき書物である」と推薦しているのはエンゲルスの『反デューリング論』と『フォイエルバッハ論』のみなのである。[8] いったい何故このようなことになってしまったのか。

この問いにたいする解答はレーニンが依拠していたエンゲルスに、マルクス亡き後に彼の思想形成過程について語ったエンゲルスの見解のうちに与えられているとみなすことができる。エンゲルスによれば、一八四一年春に出版されたフォイエルバッハの『キリスト教の本質』を読んで「一人残らず感激した、すなわち、われわれは、一時、皆フォイエルバッハ主義者であった」のであり、「マルクスがその新しい見解をどんなに熱狂的にむかえたか、そして——批判的留保はおこなったけれども——この見解がらどんなに強い影響を受けたかは、『聖家族』を読めば分かる」のである。[9] このエンゲルスの見解によれば、一八四五年の春にマルクスが書き留めた「フォイエルバッハにかんする十一のテーゼ」こそは「新しい世界観の天才的な萌芽が記録されている最初の文書」にほかならないのである。[10] もしもこのエンゲルスの理解が適切であるとすれば、『独仏年誌』のマルクスの二論文はもとより、ほとんどすべてをマルクスが書いた『聖家族』でさえもまだ「新しい世界観が記録される」以前の著作であり、マルクスがまだフォイエルバッハ主義者であって本来のマルクスにはなっていなかった時期の著作であったということになる。

マルクス死後のマルクス主義者たちのあいだでエンゲルスの権威はきわめて大きなものであったが、特にマルクスに関わる問題では圧倒的なものであった。ほかならぬこのエンゲルスが、一八四五年の春以前のマルクスの著作はまだ「フォイエルバッハ主義者」のものであって、本来のマルクスのものではなかったとはっきりと表明していたのである。いったい誰がこれに異議を申し立てることができたであろうか。先の問い、すなわち何故レーニンがマルクス主義の哲学的文献としてエンゲルスの著作のみをあげたのかという問いに対する解答は、要するに、彼もエンゲルスの権威を受け入れ、その見解をそのまま採用していたということでしかなかったのである。こうして、もともとマルクスの哲学を理解するうえで決定的に重要な諸著作が未公表であったところに、僅かに知られていた哲学的な諸著作までも、エンゲルスによって本来のマルクスのものではなく、「フォイエルバッハ主義者」としてのマルクスのものであったというレッテルが張り付けられてしまっていたのである。もちろん、たんなるレッテルであったならば、力をこめて引き剝がすということもできなかったわけではない。問題は、それが名実共にマルクス主義の最高の権威によって行われた封印であったということである。この封印のおかげで、僅かに残されていたマルクスの哲学への狭い通路も完全に閉ざされてしまったのである。

では、エンゲルスによって封じ込められてしまったマルクスの哲学とは何であったのか。かってプレハーノフ、レーニン等々が読むことができなかったマルクスの哲学的諸著作をも視野に収めつつこの問いにたいして答えるならば、さまざまな人々によって繰り返し確認されてきているように、つぎのように主張することができる。すなわち、それは、エンゲルスによってまだ本来のマルクスのものではないとされた彼の初期の諸著作のさまざまな箇所で明確に表明されていたラディカルなヒューマニズムにほかならなかった、と。『独仏年誌』に発表された「ヘーゲル法哲学批判序説」のなかの次の一節はそのもっとも代表的な例である。

「ラディカルであるということは、事柄を根本［Wurzel, radix（lat.)］において把握することである。しかし、人間にとっての根本は人間自身である。ドイツの理論がラディカリズムである明白な証明、したがって、その実践的エネルギーの明白な証明は、その理論が宗教の決定的な、積極的な止揚から出発したところにある。宗教の批判は、人間が人間にとって最高の存在［das höchste Wesen］であるという教えをもって終わる。したがって、人間が貶められ、隷属させられ、見捨てられ、軽蔑された存在となっているような諸関係…を覆せという定言的命令をもって終わる。(11)」

マルクスが目指したのは、ドイツにおける宗教批判、とりわけフォイエルバッハによる「人間の自己疎外の聖なる形態」にたいする批判を前提にし、さらにはそれを模範としながら、もはやフォイエルバッハ的パラダイムでは処理することができなかった「その聖ならざる諸形態における自己疎外」、人間の現実的生活における疎外の諸形態を批判し、それらの克服を訴えることであった。[12]マルクスにとってここから出発してはじめて哲学的唯物論もヘーゲルから継承した弁証法も、さらには彼によって開発されたスケールの大きい歴史哲学でさえもそれらの意味を獲得することができたのである。

では、こうした本来のマルクス哲学が封じ込められてしまった後にどのような哲学がマルクス主義の哲学として通用させられることになったのか。それは、すでに見てきたように、レーニンによって『共産党宣言』とならんで手元に置かれるべきであるとされていたエンゲルスの後期の哲学的著作に表明されている哲学であった。それらの著作がいずれも、著者が革命家であったことから自ずから生じてくる革命的な雰囲気をもち、それなりに実際に革命の哲学の叙述の模範ともいうべき内容ももっていて、哲学の歴史に残るユニークな位置を占めていることは疑いがない。だが、ちりばめられているラディカルな言葉に惑わされずに、明示的に表明されている哲学的主張に目を向けるならば、意外な相貌があらわれてくることに気付かざるをえない。エンゲルスのところではマルクスにおけるような疎外論的な出発点も変革を方向づける「定言的命令」もすべて哲学から締め出され、フォイエルバッハにたいする破壊的批判が展開されたのちに最初に強調にされているのは、次のような「唯物論的な立場」である。

「われわれは現実の世界——自然と歴史——を、先入観となっている観念論的幻想なしに、それに近付くどの人間にも現われるままの姿で、把握しようと決心したのである。空想的連関においてではなく、それ自身の連関において把握された諸事実と一致しないどのような観念論的幻想をも容赦なく犠牲に供しようと決心したのである。」(13)

「観念論的幻想」を排除し、実証可能な知識のみを受け入れて行くという態度は諸々の科学を発展させるうえで基本的な前提になるものであるが、しかしこうした態度が度を越して、空想とともに理想までも放棄し、幻想とともに規範的なものの否定にまで進めば、これはもう悪しきイデオロギーとしての実証主義以外のなにものでもないであろう。オーウェン、フーリエ、サン・シモン等の空想的社会主義にたいする批判、フォイエルバッハの宗教批判にたいする批判などをみれば、エンゲルスがそうした実証主義への方向を辿っていたことは疑いがないように思われる。

ところで、規範的なものを排除する実証主義が直面せざるをえない困難の一つは、複数の選択肢が開かれている実践的世界で不可欠な選択の規準を提供することができないということであるが、エンゲルスはこの問題をどのように解決していたのであろうか。この問いにたいする答えは、エンゲルスの弁証法についての議論のなかに見出だされるように思われる。彼の考えによれば、弁証法とは「外部の世界および人間の思考の運動の普遍的諸法則にかんする科学」に還元されうるのであるが、この科学について語るさいに彼は「人間の社会の歴史において支配的なものとして自己を貫徹している普遍的な運動諸法則」、「歴史の経過が内的な普遍的諸法則によって支配されているという事実」[14]を強調している。もしこのような法則が存在するとすれば、歴史的な実践的世界における選択肢は著しく制限されたものにならざるをえず、したがってまた、選択の規準についての議論の必要性も小さくならざるをえないであろう。実際にエンゲルスは、複数の選択肢のなかから一つを選び取るさいの規準の問題については何も語っていないので、彼がこうしたことがそもそも問題にならないような世界を考えていたことは疑いがない。したがって、要するに、エンゲルスは先の困難を、歴史の運動の普遍的法則というものを導入することによって複数の選択肢が開かれているような実践的世界を否定し、それによってさらに選択の規準にかかわる問題そのものも消してしまうことによって、解決していたのである。ここで彼を救ったのは、歴史の運動の普遍的な法則あるいは歴史の普遍的な運動法則であるが、そうした法則によって支配される歴史の運動なるものはどうしても自然の世界の比較的単純な運動に似てくるのは避けられない。エンゲルスの歴史観が弁証法的であるというよりは、むしろ著しく機械的決定論的ではな

いかという批判はけっして的を射ていなかったわけではないのである。(15)

要するに、マルクスの哲学の核心をなしていた革命的ヒューマニズムを「フォイエルバッハ主義者」マルクスの若気の過ちのごときものでしかなかったというレッテルを張り付けて退けたエンゲルスがそれに代わるものとして提唱していた哲学は、機械論的な傾向をもった歴史哲学と結び付いた一種の実証主義にほかならなかったのである。この哲学を彼はマルクスによって基礎付けられ、彼によっても承認されていたかのように主張していたのであるが、実際にはそれはマルクスの哲学とは異質な、さらにはそれと真っ向から対立した哲学であったとみなさければならないであろう。不幸なことに、この哲学がエンゲルスの権威のおかげでマルクス主義の哲学そのものとして認められ、この哲学に基づいてカウツキー、プレハーノフ、レーニン等々によってマルクス主義哲学の歴史が形成されることになったのである。この歴史において哲学者としてのマルクスが登場する余地はまったく無かったと言ってもけっして過言ではない。

(二) スターリン主義の支配

エンゲルスによるマルクス哲学の封じ込めが可能になった諸条件のうちの最大のものは、マルクスとの特殊な関係から彼が帯びていた権威であったが、もう一つの大きな条件は、すでに発表されていたマルクスの諸著作、とりわけ彼の哲学的諸著作が少なかったということであった。すでに述べておいたように、この条件は一九二〇年代の後半から変わり、とりわけ一九三二年における『経済学・哲学草稿』と『ドイツ・イデオロギー』の公表によって狭かったマルクス哲学への通路が一挙に拡張されたのである。

では、この変化に応じて、エンゲルスによるマルクス哲学の封じ込めが効力を失い、マルクス主義哲学史上はじめてマルクス哲学が本格的に舞台に登場することになったのであろうか。たしかにこの問いにたいする答えは完全に否であったわけではなく、それ以後今日にいたるまで、マルクス哲学への拡張された通路を生かし、エンゲルスによって貼られた封印を破り捨ててマルクス哲学に接近し、この哲学を明るみにもたらし、それを一層発展させようとした個人や集団が登場してこなかったわけではなかった。そして、彼らの諸業績こそが、マルクス主義哲学史において今日私たちが継承すべき真の遺産をなしていることは疑いの余地がない。しかし、残念ながら、さしあたってここで指摘しておかなければならないのは、それらの個人や集団はあくまでもいわば例外的ケースであって、マルクス主義者たちの圧倒的多数はそのような方向には進まなかったということなのである。彼らはマルクス哲学についての理解を改めるどころか、この哲学にたいしておこなわれてきた封じ込めをいっそう強化し、そのために新たな神話までも造り出してきたのである。

何よりも先ず、未発表であったマルクスの諸著作が発表された時期があまりにも悪かった。改めていうまでもなく、スターリン時代の成立によってマルクス主義の歴史は新しい段階にはいっていたのである。『ヘーゲル国法論批判』が発表されたのは、ちょうどスターリン時代の幕が開かれ始めた時であり、『経済学・哲学草稿』などが発表されたのはスターリンが哲学的イデオロギーの領域でもすでに彼の権威を確立していたときであった。

マルクス主義的な社会主義運動におけるこの時代がどのような時代であったかは、今日ではよく知られている。この時代に経済、政治、文化の諸領域でどのような成果があげられたにせよ、他方、その過程で、社会主義の看板とは反対に、人間が本当に粗末に取扱われていたのである。[16]ソ連では「収容所群島」が大規模に発達させられ、膨大な量の無辜の民が殺されたり辛酸を嘗めさせられたのであり、この群島の外の娑婆の世界の人々も不安と恐怖に苛まれつつ日々を過ごしていた。そして、この時代に支配的であった哲学もまたそうした時代に見合うものであり、人間をこのうえなく粗末にとりあつかっていたのである。このことは、この時代を通じて「マルクス・レーニン主義哲学思想の真の最高峰[17]」などと祭り上げられていたスターリンの哲学的著作に明確に表明されていた。このスターリンは、今では信じられないような話であるが、この時代にはいたるところで最大限の賛辞が浴びせられ、まさに神のごとくに崇め奉られていた。そして、この神の言葉が記されたものとしてバイブル視されていたのが『弁証法的唯物論と史的唯物論について』であるが、そのなかで人間についての考察が見られるのは、次のような箇所である。

「人間は社会の物質的生活の諸条件の不可欠の要素であり、一定の最小限の人間がいなければ社会のいかなる物質的生活もありえない…。人口の増加は人間の社会制度の性格を規定する主要な力ではないであろうか。史的唯物論はこの質問に対してもやはり否と答える。(18)」

最初の文章は、スターリンが、人間から物質的生活諸条件が疎外され、主体と客体とが転倒している状態をノーマルな状態とみなし、それを一般化して人間の普遍的な状態にしてしまっていること示している。彼にとっては「社会の物質的生活の諸条件」が人間の不可欠の要素であったのではなく、逆に人間が後者の一要素でしかなかったのである。さらに、続く文章はスターリンの人間蔑視がどこまで到達していたかを示していて興味深い。この文章が発表されたのは、ソ連で大量の人間が「収容所群島」に放り込まれ、銃殺されたり飢えや寒さで死んで行った時期であるが、おそらくそれを十分に知りつつスターリンは、ともかく「一定の最小限の人間」がいればなんらかの「社会の物質的生活」は可能になり、虐殺による人口の減少も「人間の社会制度の性格」を変えるわけではないと考えていたわけである。したがって、この文章などは、大規模な「収容所群島」を発達させた共産党と国家の最高責任者にまことにふさわしいものであったとみなさなければならないであろう。

スターリンが、ラディカルなヒューマニズム——人間の疎外を克服し、人間が最高の存在として取り扱われるように社会をしつらえなければならないという定言命令を中心に据えていた——を主張したマルクスとは真っ向から対立した哲学思想の持ち主であったことは、すでに以上だけからでも明瞭であるが、それほど人間を貶め、粗末に扱った彼の哲学はそもそもどのような種類のものであったのか。この問題にたいする解答は『弁証法的唯物論と史的唯物論について』の冒頭の次のような一節に与えられていたとみなすことができる。

「弁証法的唯物論はマルクス・レーニン主義党の世界観である。それが弁証法的唯物論と呼ばれるのは、この世界観の自然現象の取り扱い方、自然現象の研究方法、これらの現象の認識方法が弁証法的であり、またこの世界観による自然現象の解釈、自然現象の理解、その理論が唯物論的だからである。史的唯物論は、弁証法的唯物論の諸命題を社会生活の研究に押し広げたものであり、弁証法的唯物論の諸命題を社会生活の現象に、社会の研究に、社会史の研究に適用したものである。(19)」

マルクスは、資本主義社会の変革の主体になる可能性をもった階級として労働者階級を見出だして以来、この階級と人間解放にかんする彼の理論とを結び付けようと絶えず努めたが、死後に自分の名前が付けられた哲学がある特殊集団の所有物にされるなどということは夢にも思わなかったはずである。したがって、彼がこの一節を読んだとすれば、まず最初の一文にびっくりさせられたにちがいないが、しかし彼がもっと驚いたのではないかと思われるのは、その後に書かれていることによってであろう。彼の名前が付けられている哲学の原理的部分をなすとされている弁証法的唯物論なるものがもっぱら自然現象にかかわる哲学、一種の自然哲学にされているのである。疎外からの人間の解放をめざす革命の理論であるべき哲学の原理が、自然現象にかんする知識を獲得するための方法と理論にされてしまっているのである。マルクスが生きていれば、おそらくここまで読んだだけで彼は、自分の名前が詐欺的に引き合いに出されていることを確信し、憤慨して、ただちに糾弾の声明を書く準備にとりかかったにちがいないのである。

スターリンがマルクスの精神を継承しなかっただけではなく、それとは完全に対立した哲学を採用していたことは明らかであるが、しかし、同様に明らかなことはこの哲学とエンゲルスから始まった伝統的なマルクス主義哲学とのあいだには明白な連続性が存在したということである。何よりも先ず自然現象というスターリンの観点が自然の弁証法に強い関心をもっていたエンゲルスを思い起こさせるが、よりいっそう重要なことは、スターリンがこの現象についての知識を獲得するための方法と理論こそが哲学の基礎を構成すると考えていたことであり、ここから出発してさらに彼が哲学から一切の規範的なものを駆逐するというところにまで行き着いているということである。スターリンはエンゲルスによって定礎された実証主義を継承しそれを発展させていたのである。そしてさらに彼は、史的唯物論は弁証法的唯物論を社会とその歴史に押し広げ適用したものであるというエンゲルスによって開発されたアイデアをそのまま採用しているのであるが、このアイデアと密接に結び付いている歴史観、すなわち歴史が自然の諸過程とおなじように必然的な法則性によって支配されているという観点もくりかえし強調している。つまり、彼は実証主義を提唱するとともに、この実証主義と相補的な関係にある歴史観、すなわち、これもエンゲルスから始まった歴史についての機械的決定論的な観点も主張していたのである。

要するに、スターリン時代の最初の時期にマルクスの貴重な哲学的文献が初めて発表されたにもかかわらず、スターリンはこのマルクスからは少しも影響を受けず、それどころか彼とははっきりと対立して、エンゲルスから始まりプレハーノフ、レーニン等によって発展させられた伝統に基づいてマルクス主義哲学を解釈しそれをいっそう発展させようと努めていたのである。そのスターリンの哲学がこの時代を通じてマルクス主義哲学の最高の成果として祭り上げられ、マルクス主義者たちを呪縛し続けた。この時代のマルクス主義的社会主義運動はスターリンの権威を受け入れなかったり、この権威に逆らったりというような人々にたいして生命の抹殺——スターリン時代の入り口のところでラーゲリに送られ殺された有名なマルクス研究者リャザノフのケースはその代表例の一つである[20]——までふくめて多様な懲罰のための技術を開発していたこともあって、スターリンの哲学の呪縛は凄まじい程度にまで進んでいた。したがって、スターリン時代のマルクス主義哲学の歴史はすなわちスターリン主義哲学の支配の歴史にほかならなかったのである。

こうしたことの結果の一つで当面の私たちのテーマとの関連で重要なことは、マルクス主義者のあいだでまともなマルクス研究が、とりわけ初期マルクスの研究がなされず、おかげで、マルクスの哲学への通路が広々と拡張されたにもかかわらず、この哲学についての理解は少しも改善されなかったということである。結局、エンゲルスによる封じ込めを破る絶好の機会が訪れたにもかかわらず、この機会はとらえられず、ようやく日の目を見た『ヘーゲル国法論批判』はもとより『経済学・哲学草稿』も、エンゲルスのマルクス解釈の延長線上で「フォイエルバッハ主義者」マルクスの未熟な著作とみなされて軽く扱われ、『ドイツ・イデオロギー』は自然法則的な必然性が強調されるエンゲルス的歴史観に首尾よく組み込まれてしまったのである。

ただ問題は、新たに発見されたマルクスの諸著作が放っておくだけでは済まない重みを持っていたことである。それらの著作を読めば誰でも、マルクスが、いちはやくフォイエルバッハの限界を超えて、どれほど本格的に疎外論に取り組みこの理論を発展させていたかを理解しただけではなく、『ドイツ・イデオロギー』等においても彼がこの理論と訣別したのではなく、この理論を前提にすえつつ新たな歴史観を開発していたことも理解したはずである。そして、実際に早くも一九三〇年代の前半のうちにそうした方向で新しいマルクス解釈を発展させようとした人々も現われてきていた。したがって、マルクス主義哲学の伝統的解釈の基礎を揺るがしかねないそうした方向を閉ざすためにも、マルクスの疎外論についての見解を含みうるような仕方でエンゲルス的解釈をいっそう膨らませる必要性が生じてきた。そこで創り出されたのが、若きマルクスの疎外論はヘーゲルやフォイエルバッハなどの先行した諸哲学の残滓であって、後期の、成熟したマルクスにおいては放棄されたという見解である。これはエンゲルス的マルクス解釈を守り、さらにはスターリン主義を救済するための神話にほかならなかったのであるが、スターリン主義者たちによって広範に広められ、おかげでマルクスの哲学的諸著作はすでに彼自身において克服されてしまった過去の思想を述べたものとしてきわめて軽く取り扱われることになったのである。

では、スターリン時代の終焉はこうした状態にも終止符を打ち、いよいよマルクス哲学がマルクス主義の歴史の前面に押し出され、ヤコブレフのような人たちによってその責任が問われるほどにまで影響力が大きくなって行ったのであろうか。ヤコブレフに同意する人々が数多く存在するにもかかわらず、この問いにたいする答えは明白に否なのである。

(三) 蔓延る新スターリン主義

一九五三年にスターリンが死に、五六年には彼にたいするフルシチョフ等による公然たる批判が展開されるとともにさしもの彼の神話的権威も一夜にして失墜し、スターリン時代に幕が引かれたのであるが、たしかにこのことは哲学の領域でも従来のスターリン主義的なマルクス主義哲学を克服し、本来のマルクス哲学を復権させるのための好機が到来したことを意味していた。では、この機会は首尾よくとらえられ生かされたのであろうか。たしかに哲学の領域でもかなり徹底的なスターリン批判が行われ、「マルクス・レーニン主義哲学思想の真の最高峰」が実はきわめて低水準のものであったことが暴露され、彼個人に由来するとみなされたものはすべて除去された。したがって、哲学の領域でも変化がなかったわけではなかったのであるが、しかし、この変化は、あくまでも部分的な変化であり、たんなる手直しでしかなく、哲学の基本的な性格やその構造にまでおよぶものではなかった。スターリンからレーニンを媒介としてエンゲルスにまで遡ることができる実証主義的性格も、哲学の原理的な部分を歴史に拡張し適用するという構造から生ずる歴史についての機械的決定論的な理解もそのまま維持された。したがって、哲学的パラダイムの次元では何等の変更もなされなかったとみなされなければならないのである。この点は、このパラダイムがもっともよく表現されている、スターリン批判後に刊行された二つの哲学教科書（一九五八年版と一九七一年版）をみれば一目瞭然である。すでに繰り返し確認されてきたことであるが、スターリン以後の時代の哲学上の変化は、本来のスターリン主義的哲学からスターリンなき後のスターリン主義、すなわち新スターリン主義哲学への移行でしかなかったのである。(21)

要するに、スターリン以後の時代にあっても、たしかにその純粋にスターリン的形態は払拭されたが、エンゲルスから始まった伝統的なマルクス主義哲学のスターリン主義的形態は生き延び、この哲学がマルクス主義哲学の主要潮流を形成してきた。そして、ここから容易に想像されうるように、この哲学のマルクス哲学にたいする態度は基本的には前の時代とまったくかわらなかったのである。つまり、マルクスの哲学を受け入れるどころか、原理的に異質なものとして否認し排斥してきたのである。このことは、この時代になって先ずMEW〔『マルクス　エンゲルス著作集』、邦訳『マルクス　エンゲルス全集』、大月書店〕が刊行され、さらにその後MEGA〔『新マルクス　エンゲルス全集』、現在もなお刊行中〕が刊行されるとともに、新旧のスターリン主義者たちによってマルクスについての膨大な量の研究論文や研究書が積み重ねられてきたことと矛盾しているように見える。というのは、そうしたマルクス哲学についての論文などはまさにその哲学を甦らせるために書かれてきたのではないかと考えられるからである。しかし、立ち入って見てみると、そうではなく、大部分の論文はむしろその反対の目的のために、まさにマルクス哲学を葬るために書かれてきたことがわかる。(22) つまり、それらの論文はいずれも結局は次のような同一の物語をさまざまな仕方で語ってきたのである。すなわち、マルクスは彼の初期の疎外論を放棄してしまった、つまり彼はその初期の革命的ヒューマニズムの哲学を投げ捨ててしまったのである、と。すでに見てきたように、これはスターリン時代に創られた神話の一つにほかなならなかったのであるが、今やそれが大声で合唱されるようになったのである。

この声は前の時代に較べるとはるかに大きくなってきたが、それにはそれなりの理由があったことはいうまでもない。それは、何よりも先ず、スターリン時代の終焉の前後からスターリン主義に抗してマルクス哲学を復権させようとする運動が発展してきたが、この運動に参加した人々が『経済学・哲学草稿』などにおける疎外論の意義を大いに強調していたことに求められる。そこで、マルクス哲学の復権を阻止し新スターリン主義を保守しようとしていた人々は、疎外論が後期のマルクスによって超克されてしまったという解釈をますます大声で主張しなければならなくなったというわけである。この解釈は、どれほど大声で語られようとさほどの根拠もないたんなる謬見にすぎず、あくまでも神話の一つにすぎなかったのであるが、しかし、今日にいたるまでのマルクス主義の歴史を顧みてみるならば、スターリン主義者たちによるこの解釈の大合唱が功を奏してマルクス哲学の復権を首尾よく阻止してきたとみてもよいであろう。こうしたスターリン主義者の保守あるいは反動の運動のそれなりの勝利には彼らの協力者たちの並々ならぬ働きぶりが貢献したことも忘れられてはならないであろう。ここでただちに念頭に上ってくるのは、いうまでもなく、欧米や日本の正真正銘のスターリン主義的マルクス主義者たちや、アルチュセールと彼の仲間たちのような多少逸脱したスターリン主義的マルクス主義者たちである。(23) 彼らが、マルクスが疎外論を超克してしまったという神話をどれほど大声でもっともらしく語ってきたかは、私たちの記憶にまだ新しい。スターリン主義のこれらの協力者たちの精力的な助力のおかげもあって、ポストスターリン時代においてもまたマルクス哲学は遠い彼方に押しやられてしまったのである。それがどの程度のものであったのかを知るうえで、すでに何度も登場させているヤコブレフの文章が役に立つであろう。最初に引用してきたが、念の為にもう一度見ておくならば、彼は反スターリン主義的なマルクス主義者たちの議論についても十分に知りつつ、「マルクスは、初期の著作で述べた人間性と愛とにかんする見解を最終的には放棄した」と主張しているのである。これは、つまりは他ならぬスターリン主義の神話である。ペレストロイカのリーダーの一人の信念の吐露が、マルクス主義の主要な潮流において最後の最後までいかにスターリン主義が力を失っていなかったかということの、そして、それとともに本来のマルクス哲学がいかに遠ざけられ、排斥されていたかということの、したがってまた、この哲学がマルクス主義哲学の歴史にたいしていかに何等の影響もおよぼしてこなかったかということの生きた証拠になっているとみることにたいして異論の余地がないであろう。

おわりに

ゴルバチョフとともに旧ソ連を崩壊させるために活躍したヤコブレフによれば、「マルクス主義がしたことは、結局、われわれを奈落へ突き落とし、立ち遅らせ、良心を根絶やしにすることだった」のである。このヤコブレフの主張がそれ自体としてはけっして不当ではないことは、今日ではよく知られている。問題は、スターリン主義に冒され混乱させられた頭のおかげで彼が、このマルクス主義はマルクスによって開発された哲学にほかならないと主張していたことにある。以上で検討してきたように、マルクス主義哲学の歴史を顧みてみるならば、この歴史は、マルクスによってではなく、彼とは異質な思想の持ち主であったエンゲルスによって定礎された哲学が出発点になっていたのであり、それがプレハーノフやレーニン等々によって発展させられ、さらにスターリンとスターリン主義者たちによって継承されてきたのである。マルクス自身の哲学は、一九三〇年前後にいたるまでの最初の段階においては発表されていた哲学的著作が著しく不十分であったために、そしていよいよそれらの著作が十分に発表されたときには彼の哲学とは異質な哲学によって排除されてしまって、長期にわたるマルクス主義哲学の歴史を通じて責任を追及されなければならないほどの影響力を一度として発揮したことがなかったのである。したがって、当然、ヤコブレフが考えているように、彼を有罪とみなし、二十世紀の社会主義運動の最悪の側面の責任を彼に求めることなどはできないのである。

ヤコブレフのような人たちは、結局、マルクスとスターリン主義との決定的な相違を最後まで理解することができず、したがって、いよいよ自分たちが信じてきたスターリン主義を放棄しなければならないと心を決めたときに、当然同時にマルクスをも放棄することにならざるをえないのだと単純に考えたのである。だが、これは完全な間違いであって、マルクスはその初期のヒューマニスティクな疎外論から、スターリン主義へと通じているエンゲルス的実証主義へ移行するなどということはなかったのである。したがって、スターリン主義を放棄しなければならないからといって、エンゲルスから始まった伝統的なマルクス主義哲学はともかくとしても、マルクス哲学までも放棄しなければならない必然性は少しもないのである。

そもそもエンゲルスのマルクス解釈がまったく間違った、不適切なものであったが、それが膨らまされたスターリン主義的なマルクス解釈、つまりマルクスが彼の初期の疎外論を後期においては放棄してしまったという解釈もまったくの神話でしかなかった。実際の後期のマルクスは、フォイエルバッハの宗教批判を引き合いに出しながら労働疎外について論じているだけではなく、さらにしばしば「疎外」という用語そのものさえもその初期と同様な仕方で用いている。[24] さらに、彼はこの疎外の止揚とその諸条件についてもさまざまな機会に論じているが、とりわけ興味深いのは、疎外された労働の担い手である労働者の方が、疎外をまさに疎外として感じ、この疎外に抗して反逆せざるをえないような状況におかれているので、最初から資本家よりも高いところに立っているというような議論も展開していることである。[25] これが、「ヘーゲル法哲学批判序説」ではじめて提起され、その後急速に発展させられて『聖家族』において明確に表現されていた典型的な初期マルクスの基本的な思想の一つであったことはよく知られている。要するに、実際のマルクスはその初期から一貫して疎外論を発展させようと努めていたのであって、その後期においても疎外概念にもとづいて資本主義批判を深めるとともに、疎外の止揚の概念によって未来社会の構想を発展させようと努めていたのである。

ところで、この本来のマルクスの思想、マルクス主義の歴史から疎外され、その歴史にたいしてまったく影響を与えてこなかったこの思想も、『経済学・哲学草稿』が発表された当時から注目され始め、スターリン批判の前後からは、スターリン主義とそこにストレートに流れ込んで行った伝統的マルクス解釈に抗して、この思想を救い出し復権させようという個人や集団の活動が活発になってくる。私たちの社会ではあまりよく知られていないが、彼らのなかでもとりわけ『プラクシス』派の活動が際立っていた[26]。彼らはマルクス哲学を復権させ、それを社会主義批判にまで発展させることによってマルクス主義哲学を時代の高みに引き上げようと努め、大いに成果を挙げてきたのである。（ちなみに、ソ連型社会主義の崩壊からそれほど時が流れたわけでもないのに、今や誰もが感じているのは資本主義は所詮資本主義であるということであり、その不治の病である労働疎外、そしてこの疎外を土台としたさまざまな形態の疎外の克服が依然として課題であるということではないであろうか。つまり、マルクスの疎外論が時代によって乗り越えられていないことは、そしてまた、当分のあいだ乗り越えられそうもないことも、明白なのである。『プラクシス』派は、このマルクスの疎外論を本格的に受容し発展させようと努めてきた点できわだっていた。）エンゲルスからはじまりスターリン主義によって発展させられたマルクス主義の破綻が、マルクス哲学に基づいて本来のマルクス主義をいっそう発展させることを目指して活躍してきた『プラクシス』派などの方向が広く受け入れられるための道を掃き清めてくれたのだとみることもけっして不可能ではないのである。

註

(1) 例えば、次のような議論である。「…社会主義論の基本にかんする限り、スターリンはマルクスやレーニンの直系の弟子であり、両者を切り離すことはできない。…ソ連型社会主義の崩壊は、とりもなおさずマルクスやレーニンの社会主義論の破産である。」福田豊「『ソ連』経済再生の道」、御園生等編『今、マルクスをどう考えるか』(河出書房新社、一九九一年)、一二九ページ。

(2) 拙稿「社会主義と市場――マルクス社会主義論研究ノート」参照、『唯物論』(東京唯物論研究会編)第67号所収。

(3) アレクサンドル・ヤコブレフ『マルクス主義の崩壊』(サイマル出版会、一九九四年)、井上幸義訳、六三ページ。

(4) この点についてアダム・シャフは早くからきわめて適切に問題を提起していた。Adam Schaff : Marxismus und das menschliche Individuum. Europa Verlag, 1964, S. 9.
この箇所は次の訳書に含まれている。花崎皋平訳『マルクス主義と個人』(岩波書店)および河野健二監訳『若きマルクスと現代』(合同出版社)。

(5) 拙著『初期マルクスの批判哲学』(時潮社、一九八六年)、第一二、一三章参照。

（6）拙稿「『ドイツ・イデオロギー』における疎外論の発展」参照、『唯物論』第48号所収。なお問題の著書については次の文献参照。岩佐、小林、渡辺共編著『『ドイツ・イデオロギー』の射程』（創風社、一九九二年）、田上孝一「『ドイツ・イデオロギー』の疎外論」、前掲『唯物論』第67号所収。

（7）実際にレーニンは「カール・マルクス」のなかで次のようなかなり適切な解釈に到達している。すなわち「マルクスの観念論から唯物論への、また革命的民主主義から共産主義への移行」が『独仏年誌』で「最終的に成し遂げられている」。しかし、こうした把握はレーニンのマルクス哲学の解釈においてはまったく生かされていない。レーニン『カール・マルクス』、国民文庫、五二ページ。

（8）レーニン「マルクス主義の三つの源泉と三つの構成部分」、前掲『カール・マルクス』、八六ページ。

（9）Friedlich Engels : Ludwig Feuerbach und der Ausgang der klassischen deutshcen Philosophie. In : Marx, Engels Werke. Dietz Verlag. Bd. 21, S. 272.

（10）Ebenda, S. 264.

（11）Karl Marx : Zur Kritik der Hegelschen Rchtsphilosophie. Einleitung. In : Marx, Engels Werke. Bd. 1, S. 379.

（12）Ebenda, S. 385.

（13）F. Engels. Ludwig Feuerbach. a.a.O., S. 292.

（14）Ebenda, S. 296.

（15）以下のエンゲルス論の詳細は次の拙稿参照。「マルクスと宗教批判」、江川義忠編『哲学と宗教』

（理想社、一九八三年）所収。
(16) 何よりも先ずソルジェニーツィン『収容所群島』全巻参照。
(17) 『スターリン伝』、国民文庫、一六五ページ。
(18) スターリン『弁証法的唯物論と史的唯物論について』、国民文庫、一二〇ページ。
(19) 同上、九六ページ。
(20) リャザノフについては次の文献参照。古在由重編『ソヴェト哲学の発展』、一五二―三ページ。
(21) 詳細は拙稿「マルクス主義哲学の現在」、東京唯物論研究会編『マルクス主義思想　どこから
どこへ』（時潮社、一九九二年）所収。
(22) オイゼルマンの著作が多数翻訳されているので、それらを参照のこと。
(23) 拙稿「もう一つの馬鹿話」、『唯物論』第63号所収。
(24) マルクス『資本論草稿集』1〜9（大月書店）参照。
(25) 三階徹、岩淵慶一共編『マルクス哲学の復権』（時潮社）参照。

II

マルクスvs.エンゲルス

四　唯物論の痩身化——エンゲルス哲学の批判的検討——

はじめに

マルクスの哲学についてのエンゲルスの注解、というよりは、マルクス主義哲学についてのエンゲルス自身のオリジナルな構想は、マルクスの哲学の正統な解釈としてマルクス主義の歴史において圧倒的な影響を及ぼし続けてきた。こうした事情に決定的に貢献したのはレーニンであるが、彼はマルクス死後三十年を記念して発表した有名な小論文「マルクス主義の三つの源泉と三つの構成部分」のなかで、「マルクス主義の哲学は唯物論である」ということを主張した後に、次のように書いていた。

「マルクスとエンゲルスは、断固として哲学的唯物論を主張し、この基礎から逸脱することはすべてはなはだしい誤りであることを、たびたび説明した。彼らの見解は、エンゲルスの著作『フォイエルバッハ論』と『反デューリング論』のなかにもっとも明瞭に、また詳しく述べられているが、これらの著作は――『共産党宣言』と同じく――自覚した労働者の誰もが必ず座右に置くべき書物である。[1]」

このように、レーニンがマルクス主義哲学の文字通りの古典として挙げていたのは、マルクスの哲学的著作ではなく、エンゲルスのものばかりである。しかも、ここで挙げられている二つの著作は、絶えず参照すべき書として『共産党宣言』と並べて推薦されているのであるが、小論文全体を通じて、ここで挙げられている著作以外に登場してくるのはマルクスの『資本論』だけでである。したがって、推薦されているエンゲルスの著作はマルクス主義の古典的諸著作のなかでも文字通りの最高位に位置づけられていたのである。レーニンの影響が圧倒的になったロシア革命後の二十世紀のマルクス主義的社会主義運動は彼の推薦を受け入れ、エンゲルスの哲学的著作に表現されている哲学をマルクス主義の哲学の正統的な注解、というよりはむしろマルクス主義哲学そのものとみなして、その発展のために努めてきたといってもよい。しかし、エンゲルスの権威の故に疑う余地のない真実として受け入れられてきたが、そもそもマルクスの思想形成過程についてのエンゲルスの記憶には由々しい間違いがあり、それにもとづくマルクス解釈には見過ごすことのできない欠陥が見出だされるのである。[2] そして、もしもその通りであって、マルクスの哲学的パラダイムの形成過程についてのエンゲルスの理解に本質的な問題が存在したとすれば、この哲学的パラダイムそのものについてのエンゲルスの理解にも問題があったと考えるのが当然ではないであろうか。はたしてエンゲルスはマルクスの哲学的パラダイムについて適切に理解していたのであろうか。エンゲルスは天才マルクスにたいして自分をたんなるタレントとして謙虚に位置づけていたが、このタレントはマルクスの名前をあげながら、実際にはこの天才とは異質な哲学を開発し発展させていたのではないか。つまり、エンゲルスは、マルクスの名のもとに自分の哲学を、エンゲルス哲学そのものを提供していたのではないか。そして、ソ連型社会主義の自壊の後にマルクス主義全体の責任が、とりわけその核心になす哲学の責任が問われているが、有罪を宣告されてしかるべきマルクス主義哲学とはマルクスの哲学とは関係がなく、このエンゲルス哲学であったのではないか。このようにあれこれと問題を立てて改めて検討してみると、エンゲルスの哲学的議論にはきわめて由々しい問題が存在したことがわかってくる。(3) そこで、以下、先ずは、エンゲルスの哲学的議論において中心的意義が与えられていた彼の唯物論の構想を、彼の晩年の哲学的著作を中心にして立ち入って検討しておくことにしたい。

(一) 唯物論の痩身化

エンゲルスは『フォイエルバッハ論』のなかで、若きマルクスもまた『キリスト教の本質』を読んでヘーゲル主義者から束の間フォイエルバッハ主義者になったが、やがてフォイエルバッハの限界を超えて新たな唯物論を創造するにいたったとみなし、この新しい唯物論について総括的な議論を展開している。マルクスの思想の発展過程にフォイエルバッハ主義の時期を設定する解釈は、彼についての根本的な誤解の一つにほかならないが[4]、さしあたって問題は新たな唯物論についてのエンゲルスの解釈である。その基本的な構想は、『フォイエルバッハ論』よりも十年ほど前に書かれた『反デューリング論』のなかですでにスケッチ風に描き出されているので、最初にそれをみておかなければならない。

この著作の序論のなかでエンゲルスは、彼とマルクスがそこから出発してきたヘーゲル哲学を顧みて、その意義が何よりも先ず弁証法を復権させ、それを飛躍的に発展させたことにあったことを興味深く論じ、さらにつづけてこの哲学の本質的な諸限界を、とりわけそれが観念論にほかならず、その結果としてさまざまな歪みを含んでいたことを指摘している。そして彼は、後に『フォイエルバッハ論』で詳論することになるヘーゲル哲学における内的矛盾、すなわちその体系と弁証法との矛盾、について触れた後に、いよいよ問題の唯物論について次のように語っている。

「従来のドイツ観念論の総体的な不条理が洞察されると、人々は必然的に唯物論に進むことになった。だが、注意すべきは、十八世紀のたんなる形而上学的な、もっぱら機械論的な唯物論に進んだのではないということである。……いずれの場合であれ［歴史の場合であれ、自然の場合であれ］近代の唯物論は本質的に弁証法的であって、もはや他の諸科学の上に立つ哲学を必要としない。それぞれの個別科学にたいして、諸事物と諸事物にかんする知識との総体的連関のなかで各自が占める位置をはっきり理解するようにという要求が提出されるや否や、総体的連関を取り扱う特別な科学はいっさい余計なものになる。そのときに、これまでの哲学全体のなかでなお自立的に存続するのは、思考とその諸法則にかんする科学、すなわち形式論理学と弁証法のみである。そのほかのものはみな、自然と歴史とにかんする実証的諸科学に解消してしまう。(5)」

要するに、自分たちが到達したのが唯物論であったが、この唯物論は以前の啓蒙主義の時代の形而上学的な、つまりは機械論的な唯物論とはことなった弁証法的な唯物論であったというわけであるが、問題は、ここで引用した文章の後半で書かれていることである。そこには、この唯物論が「諸科学の上に立つ哲学」を必要としないということが、さらにこの唯物論において今後もなお存続しうる伝統的哲学的領域は「思考とその諸法則にかんする科学、すなわち形式論理学と弁証法」だけであると付け加えられている。このように書かれているのを見れば誰しもただちに、そもそも伝統的哲学とこの唯物論とはどのような関係にあるのかと尋ねてみたくなるが、そうした問いにたいする解答は同じ著書のなかの別の箇所に見出だされる。エンゲルスは「否定の否定」について論じながら、その例の一つを哲学史に求め、次のように語っている。

「古代哲学は原初的な、自然発生的な唯物論であった。そのようなものとしてこの哲学は、思考の物質にたいする関係（das Vervältnis des Denkens zur Materie）に決着をつけることができなかった。しかし、この関係をはっきりさせる必要性が、身体から分離できる魂についての教説へと導き、次いでこの魂の不死の主張へ、最後には一神教へとみちびいたのである。それゆえに古い唯物論は観念論によって否定された。しかし、哲学がさらに発展していくにつれて、この観念論もまた維持できないものになり、近代の唯物論によって否定された。否定の否定であるこの近代の唯物論は…もはや哲学ではまったくなく、一つの単純な世界観（eine einfache Weltanschaung）であり、それは特異な科学の科学においてではなく、現実的な諸科学において自己を確証し自己を働かせなければならない（in den wirklichen Wissenschaften zu bewähren und zu betätigen hat）。それゆえに、哲学はここでは『止揚』されている……」(6)

ここには、後に著者が哲学の根本問題と呼ぶことになる問題も登場させられていて、唯物論のもとに著者が考えていたこともいっそうはっきりさせられている。しかし、さしあたって注目すべきは、エンゲルスが、古代の唯物論の否定の否定にほかならない近代の唯物論が、前者の持続的な基礎のうえに新たなものを付け加え、そのようなものとしてもはや伝統的な意味での哲学ではなく、実証的な諸科学のなかで「自己を確証し自己を働かせなければならない」「単純な世界観」にほかならないと主張し、さらにこの唯物論においては伝統的哲学が「止揚」されていると主張していることである。伝統的哲学のなかで実質的に保存されるものとして考えられているのは、先に書かれていたように、「思考とその諸法則にかんする科学、すなわち形式論理学と弁証法」であろう。したがって、伝統的哲学のなかのこうした科学以外のものは新たな唯物論においてはすべて廃棄されているということになる。

多くの伝統的なものの否定を主張するエンゲルスによって提案された新たな唯物論の構想が、古いガラクタの一掃の訴えがしばしば伴っている爽快な気分を漂わせていることは疑いがない。おそらくそうしたこともこの唯物論がそれなりの人気を確保してきた理由の一つであったとみなしてもよいであろう。だが、それにしても、伝統的哲学からは形式論理学と弁証法のみを継承するだけで、もっぱら実証的諸科学とのみ関わり合う「単純な世界観」とは一体何であったのか。エンゲルスによって展開されたこの世界観をレーニンは哲学的唯物論と呼び、それが書き記されている著作を「――『共産党宣言』と同じく――自覚した労働者の誰もが必ず座右に置くべき書物」と推薦したのであるが、はたしてそれは本当に推奨に値する革命の哲学であったのであろうか。むしろ、文字通りに受け止めるならば、実証的諸科学のなかで「自己を確証し自己を働かせなければならない」「単純な世界観」なるものは、要するに一種の実証主義の哲学にほかならず、マルクスの革命の哲学と同種のものではなかったのではないか。

こうした問題を検討するための材料を提供しているような箇所が『反デューリング論』のなかにもないわけではないが、しかしエンゲルスがその後かなりの時を経て書いた『フォイエルバッハ論』のなかで、彼が考えていた唯物論の構想についての議論もいっそう発展させられている。そこで、以下、この著作を中心にやや立ち入ってエンゲルスの議論を検討しておくことにしたい。

すでに『反デューリング論』のなかで唯物論と観念論の問題は「思考の物質にたいする関係」の問題であることが語られていたが、『フォイエルバッハ論』ではこの点についての議論がいっそう膨らまされていて、エンゲルスが新たな唯物論をどのように考えていたのかということが、いっそう明確に述べられている。おそらく改めて顧みるまでもないほどよく知られているといってもよいのであるが、この著作でエンゲルスは、「思考と存在との関係」、あるいは「存在にたいする思考の、自然にたいする精神の関係」の問題を「すべての哲学の、とくに比較的新しい哲学の、大きな根本問題（die grosse Grudfrage aller, speziell neueren Philosophie）」と規定し、さらにそれを「全哲学の最高の問題（die höchste Frage der gesamten Philosophie）」にまで高めたりもしている。彼の考えによれば、哲学の二つの立場はこの問いにたいしてどのように答えるかではっきりと分けられるのであって、「自然にたいする精神の本源性を主張し、それゆえに最終審では何らかの種類の世界創造（Weltschöpfung irgedeiner Art）を承認した人々は…観念論の陣営を形成した」のにたいして、「自然を本源的なものとみなした他の人々は唯物論のさまざまな学派に所属する」のである。(7)

このエンゲルスのよく知られた議論で注目すべきは、彼が観念論について、それが自然にたいして精神が本源的であることを主張し、結局のところ「何らかの種類の世界創造」を認めることにならざるをえない立場であると規定していることである。このように規定された観念論について彼自身がおこなっているコメントによれば、観念論のもとに考えられているのは、何よりもまず多様な形態を採ってきた宗教であり、さらに宗教と同様な世界創造を認める狭義の哲学的な諸形態の観念論である。エンゲルスにとって観念論とは、きわめてプリミティヴな宗教的意識にとっての不死の魂からはじまって、多神教の神々、さらにユダヤ教やキリスト教の唯一神を経てヘーゲルの絶対理念にいたるまでさまざまな形態を採ってきて発展させられてきた超自然的存在――あちらこちらでエンゲルスも使っている用語でいい替えるならば、「世界外の（äusserweltlich）」あるいは「超世界的な（überweltlich）」存在――を認める立場にほかならない。このようにエンゲルスのところでは観念論を規定するさいに意識と物質、精神と自然のいずれを本源的なものと考えるかという問題が、しばしば軽く受け取られているが、実質的には、何よりもまず、超自然的存在の存在を認めるか否かという問題として論じられていたのである。この点に注目する場合にはじめて、何故意識と物質、精神と自然の関係の問題のエンゲルスによる「全哲学の最高の問題」にまでの格上げがけっして妥当性を欠くものではなかったのかが理解されうるようになるといってもよいであろう。というのは、たしかに古代ギリシャ（その植民地）において神々の支配に抗して人類の思考に革命をもたらした最初の哲学者たちからはじまって、それらの神々やキリスト教の神のような超自然的存在との関わりが哲学の歴史を貫く最高の問題であったことは、周知の事実であるからである。

では、観念論を何よりも先ず超自然的存在を認める立場としてとらえるとすれば、この観念論にたいして、唯物論の立場に立つということはどのようなことを意味することになるのか。ここでみてきた限りでのエンゲルスの議論によれば、それはさしあたっては意識、精神にたいして物質、自然を本源的なものとみなす立場であるということになるが、こうした立場についてエンゲルスは、ヘーゲル主義と訣別してフォイエルバッハがどのような方向に進んだのかを検討しながら、論点をはっきりさせようと努めている。フォイエルバッハが到達した洞察が「純然たる唯物論」にほかならなかったと評したのちにエンゲルスは、それについて次のように述べている。

「…『絶対理念』のヘーゲル的先世界的現存、世界が存在する前の『論理的カテゴリーの先在』は、世界外的な創造者への信仰の空想的な名残以外のなにものでもない。われわれ自身が属している質料的な、感性的に知覚可能な世界（die stoffliche, sinnlich wahrnehmbare Welt）が唯一の現実的なもの（das einzig Wirkliche）であり、われわれの意識および思考は、いかに超感覚的にみえるとしても、質料的な、物体的な機関である脳の産物である…。物質が精神の産物ではなく、精神自身が物質の最高の産物にほかならないのである。」(8)

ここからエンゲルスが、フォイエルバッハが到達したとみなしている「純然たる唯物論」という言葉のもとに何を考えていたのか、つまり意識、精神にたいして物質、自然を本源的なものとみなすという立場についてどのように考えていたのかが、はっきりと表明されている。それは、要するに、多神教の神々やキリスト教の神のような超自然的な存在や、またその哲学的な残滓にほかならないヘーゲル的理念などにいっさいのリアリティーを認めず、人間がそこで生きている知覚可能な時間的および空間的に限られた世界こそが唯一の現実的なものであり、精神が脳という物質の産物であることを認める立場にほかならない。これは、観念論を何よりもまず超自然的存在を認める立場とみなすならば、それに応じて当然考えられる唯物論についての適切な解釈だとみなすことができるであろう。

問題は、この解釈がフォイエルバッハの唯物論の解釈として十分に適切であったのかということとである。つまり、たしかにフォイエルバッハは、超自然的存在を否認し、「われわれ自身が属している質料的な、感性的に知覚可能な世界が唯一の現実的なものである」ということを主張したのであるが、彼が主張したのはこの、エンゲルスのいうところの「純然たる唯物論」だけであったのかということである。フォイエルバッハは、たしかに彼の宗教批判などを通して超自然的存在を否認するために大いに努力をしたのであるが、エンゲルスはこの先輩哲学者の業績をはたして適切に理解していたのであろうか。

よく知られているように、フォイエルバッハはキリスト教にたいする批判の結論として宗教的幻想の破壊を訴えたのであるが、その理由として、この幻想が「人類にたいして根本的に破壊的に作用し、人間から現実的生活の力を奪い、真理および徳の感覚を奪う」ことを挙げていた。非常に明確に語られているので、ここからだけでもフォイエルバッハが考えていたことがよくわかるが、宗教的幻想の破壊的作用についてのもう少し立ち入った彼の説明は次の通りである。

「ただ自己の宗教的な感情および欲求を検査する勇気をもっている人間だけが真に倫理的な人間であり、真に人間的な人間である。自己の宗教的感情の奴隷である人は、また政治的にも他ならぬ奴隷として扱われるのは当然なのである。自己自身を意のままにすることができない人は、自己を物質的および政治的な抑圧から解放する力ももっていないし、権利ももっていない。自己自身において自己を暗い、疎遠な存在によって支配させている人は、外的にもまた疎遠な諸力への依存という闇のなかに座ったままでいる。」(9)

ひとたび成立した宗教が人間の内面の意識の世界および彼の外面の現実的生活においてどのような働きをするかについてのここに書かれている説明が説得力を持っていることは認めざるをえないのではないか。フォイエルバッハの考えによれば、一神教の神のような超世界的存在者の存在を承認しその威力を信じることは、先ずは人間の意識の世界をいわば直撃するのであって、そのような存在者を信じる人間は「自己の宗教的感情の奴隷である人」、「自己自身を意のままにすることができない人」、「自己自身において自己を暗い、疎遠な存在によって支配させている人」になってしまわざるをえないのである。これはきわめて興味深い議論であるが、つまりは超世界的存在者の信奉者たちは、彼の内面の意識の世界において疎遠な存在者に自己を隷属させ、自己自身をコントロールすることができなくなり、自己の自律性を喪失することになるのである。フォイエルバッハによれば、超世界的存在を信じることはこれほどの致命的な帰結をもたらすものであるが、こうした信仰はおのずから信者たちに現実の世界における人間の隷属状態、そこから生ずる悲惨や苦痛を軽視させることにならざるをえない。そこで、彼の考えによれば、その結果そうした人間はまた「政治的にも他ならぬ奴隷として扱われるのが当然なのであり」、「自己を物質的および政治的な抑圧から解放する力も権利ももっていない」のであり、「外的にもまた疎遠な諸力への依存という闇のなかに座ったままでいる」ことにならざるをえないのである。要するに、彼は自己の外面の現実的生活においても疎遠な物質的および政治的な諸力に依存したり隷属させられたままでいることにならざるをえず、それらの諸力による抑圧から自己を解放できないままでいるということにならざるをえないのである。

議論を簡潔なものにするために「疎外」を導入して纏めるならば、この興味深い議論は次のように言い換えられることになる。つまり、超自然的存在を認めそれを信仰することによって人間は内面の意識の世界において自己を疎外されるのであるが、そうした人間は外面的な現実的生活においても自己を疎遠な諸力に隷属させたままで、つまり現実の生活においても疎外されたままでいることにならざるをえない、と。フォイエルバッハは、前者の疎外の問題が解決されれば後者の現実的疎外の問題も解決されて行くことになると考えていたのであるから、当然、彼にとって何よりも先ず宗教と観念論の批判が主要な課題であった。そしてこの批判は超自然的存在を否認し、そのような存在として人間の外部にプロジェクトされてしまっていた「人間の本質」——この概念については後の節でやや立ち入って検討することになる——を取り戻すということでなければならない。そこで、あまりにもよく知られていることであるが、フォイエルバッハは次のように述べている。

「宗教にとって第一であるもの、すなわち神、これはそれ自体としては、すなわち真理に従えば、第二のものである。というのは、神とはたんに人間の自己対象的な本質にほかならないからである。そして、宗教にとって第二であるもの、すなわち人間、それゆえに、これが第一のものとして定立され表明されなければならない。…人間の本質が人間の最高の存在であるならば、また実践的にも最高で第一の法則は人間の人間にたいする愛でなければならない。Homo homini deus est.［人間が人間にとって神である］――これこそは最上の実践的な原則であり、世界史の転換点である。」[10]

このようにフォイエルバッハにとっては、キリスト教の神という超自然的存在の否認は、何よりも先ず、神ではなく人間こそが人間にとって最高の存在であるという原則の採用を意味していたのであり、神最高存在論から人間最高存在論すなわちヒューマニズムへの転換を意味していたのである。彼が、この転換の実現によって人間の内面の意識における宗教的自己疎外が止揚されるが、それによってさらに人間の現実的生活におけるさまざまな諸形態の自己疎外の止揚も可能になってくると考えていたことは疑いがない。

ところで、なんらかの超自然的存在を容認してきた宗教や観念論の信奉者がそうした存在こそが真実の世界とみなし、逆に現実の世界の方をリアリティーを欠いた幻の世界とみなしてきたことはよく知られている。ヘーゲルはきわめて現実主義的な哲学者であったが、その彼でさえも感性的な世界をどれほど貶めていたかは、彼が、思想にとって内容上「存在」という概念ほど貧弱なものはないのであるが、しかしもっと貧弱なものがあるにはあるのであって、それは「存在というときまず思い浮かべられるもの、すなわち私の目の前にある紙のような外的な感覚的存在」なのであるなどと書いているところから知られる。[11]もしもこの現実的世界のどこか彼方により一層現実的な世界が存在するとしたら、そしてこの後者の世界に比べれば前者の世界などは「紙のような」存在でしかないとすれば、人間が疎外されていることから生じる苦痛、悲惨などの問題はおのずから軽くなるだけではなく、そうした疎外そのものを克服することもあまり熱心に取り組まれることもなくなってしまうであろう。そこで、フォイエルバッハは観念論が真にリアリティーがあると考える超世界的存在を否認するとともに、観念論がリアリティーを剥奪し幻の世界に、「紙のような」世界に変えてしまった現実の世界を復権させようと努めたのである。このことは彼が、「現実的なものはその現実性においては、あるいは現実的なものとしては、感官の客観としての現実的なものであり、感性的なものである」、さらに「真理、現実性、感性は同一である（Wahrheit, Wirklichkeit, Sinnlichkeit sind identisch）」などということを強調していたことから明らかである。[12]

さて、ここにいたって、先に提起しておいた、エンゲルスがフォイエルバッハの唯物論を適切に解釈していたのか否かという問題にたいしてどのような解答を与えなければならないか、が明らかになったといってもよいであろう。

たしかにフォイエルバッハが超自然的世界の否認しエンゲルスのいうところの「純然たる唯物論」も主張していたことは事実であるが、しかし、同時に彼は、——こちらの方が彼の宗教批判の最重要結論であったのであるが——人間こそが人間にとって最高の存在であるというヒューマニズムも主張していた。そして、フォイエルバッハにおいてはこれらの二つの主張はまさに文字通り一体になっていたのである。したがって、このフォイエルバッハの唯物論を『聖家族』のなかでマルクスが「ヒューマニズムと合致する唯物論（der mit dem Humanismus zusammenfallenden Materialismus）」[13]と規定していたが、こうした規定の仕方がきわめて適切なものであったといわなければならないのである。このことは明瞭であるが、同様に明瞭なことは、フォイエルバッハにおいて引き離すことができないような仕方で結び付けられていた二つの側面を切り離し、一方の側面だけを際立たせ、他方の側面を廃棄したりするようなことは、きわめて不適切な仕方で彼の唯物論を解釈することになるということである。エンゲルスはまさしくそうした仕方を採用しているのであるが、その結果としてのフォイエルバッハの唯物論についての彼の解釈は不十分なものになってしまっていただけではなく、さらには間違っているといわなければならないところにまで行き着いてしまっていた。エンゲルスによってフォイエルバッハの唯物論は切り縮められ、瘦身化されてしまったのである。

問題は、エンゲルスにおけるこうした不十分さや間違いがたんなるフォイエルバッハ解釈上の不十分さや間違いに止まるものではなかったということである。エンゲルスは、一方のヒューマニズム的側面が削ぎ落とされたフォイエルバッハの唯物論を「純然たる唯物論」と特徴づけて肯定し高く評価していたのであるが、こうした解釈は直ちにマルクスの唯物論の解釈にも結びついて行かざるをえない(14)。著しく瘦せさせられてしまったフォイエルバッハの唯物論の解釈は、マルクスの唯物論の解釈をも瘦身化させずにはおかなかったのであり、マルクスの唯物論について、もっぱら諸科学のなかで仕事をすることになる「単純な世界観」にほかならない主張するところまで押しやらざるをえなかったのである。しかし、それにしても一体何故そのようなことになってしまったのであろうか、そしてそれはどのような結果をもたらすことになったのであろうか。これらの問題については、節を改めて立ち入って検討しておかなければならない。

(二) あからさまな実証主義

ヘーゲルの観念論を超えてフォイエルバッハが到達した唯物論は、マルクスのところでさらに発展させられ新しい形態の唯物論へと発展させられて行く。こうした転換はマルクスの諸著作、とりわけ彼の初期の諸著作においてきわめて明確に表明されていたので、およそ誤解が入り込む余地などはないようにみえる。そこで、ほかならぬこのマルクスの無二の親友であったエンゲルスがマルクスの唯物論を不適切に理解することなどはありえず、彼こそはこの唯物論のまさに適切な解釈の模範を提供してくれていたのではないかと考えられてきた。だが、はたしてその通りであったのであろうか。これまでに見てきたように、エンゲルスはフォイエルバッハの唯物論にたいして、残念ながら、適切とはいいがたい解釈を提供していた。したがって、この問題にたいしてもすっきりと然りと答えることできるかどうかは大いに危ぶまれるのであるが、実際に立ち入ってみるとこの危惧がけっして杞憂ではないことがわかってくる。

エンゲルスはフォイエルバッハにおいては唯物論とヒューマニズムが一体のものとして扱われたことをまったく無視して、この唯物論を超自然的存在を否定し、意識にたいする物質の本源性を主張し、「質料的な、感性的に知覚可能な世界」こそが唯一の現実的な世界とみとめるという側面のみから説明していたのであるが、同じ『フォイエルバッハ論』のなかの少し後の箇所で彼はマルクスの唯物論についても似たような説明を与えている。彼は、唯物論の方向に転換したフォイエルバッハの限界を指摘しつつ、ヘーゲル学派の解体過程からマルクスの名前に結び付いた別の方向が登場してきたことを確認しながら、この新たな方向について次のように語っている。

「ここでもまたヘーゲル哲学からの分離は、唯物論的観点への回帰によって行われた。すなわち、人々は、現実的世界――自然と歴史――を、まえもって受け入れられた観念論的な気紛れ(idealistische Schrullen)なしにそれに近付くものであれば誰に対してもそれが自己を現すままに、把握しようと決心した。人々は、空想的な連関においてではなくそれ[現実的世界]自身の連関において把握された諸事実に自己を一致させていないあらゆる観念論的な気紛れを容赦なく犠牲に供しようと決心した。そして唯物論とは一般にこれ以上のことを意味してはいない。まさにここで初めて唯物論的世界観が真剣に取り扱われ、この世界観が、問題になった科学のすべての領域で――少なくとも大体は――首尾一貫して貫かれた。(15)」

強調されているのは、観念論的な気紛れを駆逐し、現実的世界を、それが自己を現すままに把握することであり、それ自身の連関において把握された諸事実に一致するような知識、真なる知識を発展させるということである。そして、これはそれ自体としては、近代哲学の出発点でベーコンなどによって開発され経験論によって発展させられた、検証不可能な理論を排除し、検証可能な知識の発展をはかる路線の延長線上に位置づけられる健全な立場とみなすことができるであろう。さらに、ここでエンゲルスは「問題になった科学のすべての領域」で唯物論的観点が貫かれたということを付け加えているが、彼の考えでは、マルクスと自分の新しさはフォイエルバッハを超えて歴史の領域でもこの方向を徹底的に貫いたところにあったのである。

これはたしかにマルクスがフォイエルバッハの限界を超えて進んだ方向についての必ずしもただちに不当だとはいえない議論であるとみなすこともできるであろう。実際にヘーゲル主義的観念論と訣別したのちのマルクスがあらゆる観念論的気紛れと闘い、唯物論を擁護し、さらに唯物論的歴史観を発展させようと努めたことは、よく知られている。ここでエンゲルスがそうしたことを語っていただけであったとすれば、彼はマルクスの解釈として不適切な議論を展開していたわけではなかった。だが、それにもかかわらず、ここでエンゲルスが念頭に置いていたヘーゲル哲学から分離の時期にまで遡ってマルクスの諸著作を顧みてみると、彼がマルクスの見解のきわめて本質的な側面をまったく捨象してしまっていたことがわかってくる。

マルクスのヘーゲル哲学からの分離独立が厳密にいつ行われたのかということについては諸説があるが、彼は一八四三年春からヘーゲル国法論について詳細に批判的に検討している。その中味は、ヘーゲルの哲学的パラダイムを徹底的に突き崩し、市民社会という土台によって国家や宗教などの上部構造が規定されているという観点にたってマルクス自身の新たなパラダイムをはっきりさせようという試みが書き留められていて、まさにこの分離独立の運動の表明であったとみなされうるものである。(16) したがって、このノートの後の同年の秋から一八四四年の一月に書かれた「ヘーゲル法哲学批判序説」は、当然、ヘーゲル哲学からの独立の後の著作であったとみなされなければならない。この著作の中でマルクスが市民社会そのものの変革にもとづく新たな革命の主体としてプロレタリアートを見出だしていることは、よく知られているが、さしあたってここで注目すべきは、彼の新たな哲学の特徴をよく表している次のような文章である。

「ラディカルであるということは、事柄を根本において把握することである(Radical sein ist die Sache an der Wurzel fassen)。だが、人間にとっての根本は人間自身である。ドイツの理論がラディカリズムである明白な証明、したがってその理論の実践的エネルギーの明白な証明は、その理論が宗教の決然たる積極的な止揚から出発したところにある。宗教の批判は、人間が人間にとって最高の存在であるという教説をもって終わる(Die Kritik der Religion endet mit der Lehre, daß der Mensch das höchste Wesen für den Menschen sei)。したがって、人間が貶められ、隷属させられ、見捨てられ、蔑視された存在となっているような一切の諸関係…を覆せという提言的命令をもって(mit categorischen Imperatif)終わるのである。[17]」

ここにはマルクスが、一方では、フォイエルバッハによって代表されるようなドイツにおける宗教批判をきわめて高く評価し、その結論である、神ではなく人間こそが人間にとって最高の存在であるというヒューマニズムが、先に進むさいの基本的な前提になると考えていたことが示されている。したがって、ここには、マルクスもまたこのヒューマニズムを受入れていたことが示されているのであるが、しかし、同時にマルクスが、このヒューマニズムに合致していたフォイエルバッハの唯物論の限界をはっきりと超えていたことも示されている。この唯物論は、前節でみてきたところからも明らかなように、何よりも先ず宗教的幻想を破壊し新たなヒューマニズムを採用することを、つまりは人間の内面の意識の変革を訴えていたのであるが、ここでマルクスはさらにこの反宗教的ヒューマニズムを発展させて、それを、「人間が貶められ、隷属させられ、見捨てられ、蔑視された存在となっているような一切の諸関係」に、つまりは地上の神々に対置させ、人間を圧倒しているそれらの諸関係、それらの神々を実践的に廃絶し、人間が現実において最高の存在になるように現実を変えなければならないと訴えているのである。

ところで、市民社会で生きている人間が宗教的幻想と訣別し、人間を最高の存在とみなす唯物論の立場に立ったとしても、彼の意識を変えるだけで、市民社会を少しも実践的に変えるのではないとすれば、その人間はまた別の意識をもって前と同じ市民社会で生きている自己を見出だすことになるのは当然のことである。それにたいして、この市民社会においても人間が最高存在になってはいないことを明らかにし、この市民社会を覆して、そこにおいて人間が最高の存在になるような社会を創造することを訴えるとすれば、このような唯物論が前者の唯物論とは質的に異なった新しい立場になることはいうまでもないであろう。したがって、ここで引用したマルクスの文章には彼がフォイエルバッハを超えた新しい唯物論の立場に立っていたことが表明されていたことになるのであるが、「フォイエルバッハにかんする諸テーゼ」における次のようなマルクスの有名な議論がこの唯物論の延長線上で書かれたものであることは、異論の余地のないほど明瞭である。

「観照する唯物論、すなわち感性を実践的な活動として把握しない唯物論、が到達する最高の高みは、個々の諸個人と市民社会の観照である (die Anschauung der einzelnen Individuen und der bürgerlichen Gesellscaft)。」「古い唯物論の観点は市民社会であり、新しい唯物論の観点は人間的社会あるいは社会的人類である (Der Standpunkt des alten Materialismus ist die bürgerliche Gesellschaft, der Standpunkt des neuen die menschliche Gesellschaft oder die gesellschaftliche Menschheit)。(18)」

ここに、ヘーゲルから分離独立したマルクスがどのような唯物論に到達したかが、これ以上は望めないほど簡潔かつ明瞭に述べられているといってもよいであろう。そこで、さしあたって注目すべきは、このマルクスの唯物論が——前に引用したマルクスの文章にはわかりやすく書かれ、ここで引用した文章においては理論的にいっそう発展させられて表明されている——彼の友人によっていかに無視されてしまったかということである。先にみてきたように、エンゲルスは、マルクスの名前と結び付いている唯物論なるものについて、それがあらゆる観念論的な気紛れを排除して、現実的世界を「それに近付く者であれば誰にたいしてもそれが自己を現すままに把握しよう」とする立場であると説明していた。このような観点にたいしてマルクスがどのような態度を採っていたかはともかくとして、大事なことは、ヘーゲル哲学から分離独立したマルクスが到達したのはそのような立場に引き下げられてはいなかったということである。何よりも先ずはっきりしていることは、エンゲルスがその唯物論なるものを規定するさいに、それを狭く限定してしまって、マルクスが主張していたきわめて重要な側面を完全に無視してしまっているということである。マルクスは彼自身の立場を説明するさいに「最高の存在」としての人間、さらにそれを発展させた「人間的社会あるいは社会的人類」の概念を強調していたのである。引用した文章を改めて読み返してみるまでもなく、これらの概念がマルクスの新たな唯物論の規定において不可欠のものであったことはあまりにも明瞭である。したがって、エンゲルスはマルクスの唯物論から、それなしではもはや彼の唯物論ではなくなってしまわざるをえないような重要な側面を取り除いて、すっかり痩せ細らされてしまったものをマルクスの唯物論であると称して提供していたわけである。

マルクスの新たな唯物論はフォイエルバッハの唯物論の諸限界を超えていたが、しかし「人間的社会あるいは社会的人類」などの概念を不可欠の要素として組み込んでいて、そうした側面においても後者の唯物論を止揚していた、つまりたんに否認したのではなく発展させていた。前節でみてきたように、エンゲルスはフォイエルバッハの立場が「ヒューマニズムに合致する唯物論」、ヒューマニズム的唯物論あるいは唯物論的ヒューマニズム、であったことについての理解を示していなかったのであるが、ここではっきりしてきたことは、このフォイエルバッハの唯物論を発展させたマルクスの新たな唯物論――人間がそこにおいて疎外されている世界の実践的変革を訴える実践的ヒューマニズム的唯物論あるいは実践的唯物論的ヒューマニズム――にたいしてもエンゲルスがはたして適切に理解していたかは怪しいということである。というよりは、むしろ、彼が理解していなかったのではないかということである。そして、おそらくまさにこの無理解から彼は、マルクスの唯物論と称して、彼が痩せ衰えさせた唯物論を提供することになったのである。

だが、ここまで議論が進んでくると、マルクスの友人であったほどのエンゲルスが何故そのような肝心要のところで無理解を示すということになったのかということが、自ずから問われざるをえない。そこで、この問題にたいする解答を知るためにも、もう少しエンゲルスの議論を追ってみなければならない。

先に見てきたように、エンゲルスはヘーゲル哲学から分離独立した哲学的諸潮流の一つがマルクスの名前と結び付いていたこと、そしてこの潮流もまた唯物論を採用し、観念論的気紛れと訣別して現実的世界についての実証可能な知識を重んずるものであったことを指摘していたが、さらに続けて彼は「唯物論とはこれ以上の意味をまったくもっていない」ことを強調していた。つまり、新たな唯物論が首尾一貫して実証的知識に重きを置くのであって、まさにここにこの唯物論の新しさがあるというわけである。エンゲルスがこうしたことを大まじめで考えていたことは、この議論が登場してくる以前におこなわれている哲学史的総括に目を向けてみるとよくわかる。かつて若きエンゲルスもその共著者の一人として執筆していた『ドイツ・イデオロギー』においてもすでに「自立した哲学は現実の叙述とともに糧道を断たれる」[19]ということが強調されていたが、ここでのエンゲルスも同様の観点を強調し、「ヘーゲルとともに哲学一般が終わる」ということを、つまり伝統的哲学の終焉を宣言している。では、その後に何が続くことになったとエンゲルスは考えていたのか。彼の考えによれば、新たに登場してきたのは、「実証的諸科学と、弁証法的思考によるそれらの科学の諸成果の総括の道」を進むことによって「到達可能な相対的真理」を追い求めることであり、「世界の現実的な実証的認識にいたる道」を進むことである。[20]こうしたエンゲルスの言葉によって表明されているのが、新たな唯物論の中味であるとすれば、誰しも、彼が提唱していた唯物論なるものは実はまさに文字通りの純然たる実証主義ではなかったのかと考えてみざるをえなくなる。そして、エンゲルスの議論をさらに立ち入って検討してみれば、とりわけ彼が、新たな唯物論的観点からみてなお哲学として残るものは何かについて語っている次のような文章を読むと、この疑問がますます深まって行かざるをえない。彼は、新たな弁証法的な自然観があらゆる自然哲学を終わらせるのと同様に、主にマルクスによって開発された新たな歴史観が歴史の領域でも哲学を終わらせることになったと宣告した後で、以前に彼が『反デューリング論』で書き記していた文章をそのまま再現させて、次のように述べている。

「どこでも問題はもはや諸々の連関を頭のなかで考え出すことではなく、それらの連関を諸々の事実のなかに見出だすことなのである。自然と歴史から駆逐された哲学にとって、なお残っているものがある限りでは、なお純粋な思想の領域だけが、すなわち思考過程の諸法則についての学説、論理学と弁証法だけが、残る。(21)」

哲学についてまじめに考えてきたマルクス主義者たちを大いに悩ませてきたこれらの文章が、「哲学の目的は思想の論理的解明である」などと主張してきた二十世紀の実証主義に意外に親近性をもっていることは容易に気付かれうるのではないか。思考の領域にかんする学問だけに限ってみても、たしかにエンゲルスの弟子たちが形式論理学の発展にたいして妨害者の役割を果たしてきたのにたいして、こちらの実証主義がこの論理学の発展に貢献してきた等々の違いはあるが、しかし両者の類似性も明らかであって、こうしたことは当然エンゲルスの哲学の性格についての疑問をますます決定的なものにせざるをえない。

（三）規範的人間概念の排除

マルクス主義の哲学のもっとも代表的な古典とみなされてきた著書を書いた著者の哲学が本質的に実証主義的なものであったのではないかという印象が強くなってきているのであるが、この問題を検討するうえでフォイエルバッハの哲学の限界についてのこの著者の議論が大いに役立つ。エンゲルスはその限界の一つとして、フォイエルバッハが社会とその歴史の領域では観念論にとどまっていたということを指摘し、その観念論がとりわけ際立っているのが彼の宗教哲学と倫理学においてであったことを論じたのちに、総括的に意気揚々と次のように述べている。

「…フォイエルバッハは、彼自身にとっても死に値するほどに憎むべき諸抽象物の国から生きた現実にいたる道を見出だすことができない…。しかし、フォイエルバッハの抽象的人間から現実的な生きた人間たちに到達するのは、ただそれらの人間たちを歴史において行動しているのを観察する場合のみである。……フォイエルバッハの新しい宗教の核心を成している抽象的人間の崇拝（der Kultus des abstrakten Menschen）は現実の人間たちとこれらの人間たちの歴史的発展についての科学（die Wissenschaft von den wirklichen Menschen und ihrer geschichtlichen

Entwicklung）によって取り換えられなければならなかった。」(22)

たしかにフォイエルバッハの人間概念は、一方では記述的なものであって、こうした種類の人間概念が彼の議論の基礎に置かれていたことは疑いがない。そして、この概念は、エンゲルスがくりかえし注意を喚起しているように、唯物論的な歴史観を開発したマルクスたちの人間概念はもとより、人間を社会的存在としてとらえ、この存在を歴史的発展においてとらえようと努めていたヘーゲルの人間概念と比べても、貧弱なものであったといってもよいであろう。したがって、人間の宗教的自己疎外をあばきだし、宗教的幻想の破壊を訴えたにもかかわらず、フォイエルバッハはこの疎外がいかにして成立するのか、つまりそもそも人間がいかにして宗教を信じこむにいたるのかという問題を本格的に提起し解決することができなかった。この問題を明らかにするためには、宗教に縋りそこに慰めを見出さずにはいられなくなるにいたるような人間の諸事情、とりわけ彼の経済的および政治的諸事情などについての理解が必要になるが、そうした諸問題はフォイエルバッハの概念装置ではとても手に負えるものではなかった。その限りでは、ここでエンゲルスが指摘しているように、フォイエルバッハは現実的な生きた人間に到達することなく、抽象的な人間のところに止まっていたとみなすことができる。だが、人間についてのフォイエルバッハの記述的概念の限界が明白であったとしても、ここからただちに「フォイエルバッハの新しい宗教の核心を成している抽象的人間の崇拝」を「現実の人間たちとこれらの人間たちの歴史的発展についての科学」によって取り換えればよいという結論を導き出すことができるであろうか。そもそもフォイエルバッハの崇拝の対象としての「抽象的人間」とは何であったのか。

フォイエルバッハの宗教批判によれば、宗教における神の本質は人間の本質が人間の外側に対象化され、さらには人格や主体に転化させられてきたものに他ならないのであって、今や宗教的幻想を破壊することによって人間はこの本質を再びわがものとして獲得しなければならないのである。フォイエルバッハが、エンゲルスが「抽象的人間」と呼んでいるこのような人間の本質がどのような種類の概念によってとらえられうるものであると考えていたかは、次のような一例からかなりよく知られうる。フォイエルバッハは神の本質に転化させられた人間の本質はまた聖なるものでもあるとみなしていたが、それについて彼は次のように語っている。

「聖なるものは私の罪深さの非難である。私は私を聖なるものにおいて罪人として認識する。しかし聖なるものにおいて私は私を咎め、私がそれではないが、しかしそれであるべきもの、かつ、まさにそこから即自的に、私の規定にしたがって、それであることができるところのものを認識する（erkenne ich, was ich nicht bin, aber sein soll und ebendeswegen an sich meiner Bestimmung nach, sei kann）。なぜかといえば、できるということ抜きの当為（ein Sollen ohne

Können）は私には関係がないからであり、心情を刺激しない笑止な妖怪であるからである。」[23]

フォイエルバッハの問題の人間概念がどのような種類のものであったのかがここに明瞭に表現されている。文章そのものには難解なところは少しもないので、フォイエルバッハがはっきりさせようと努めていたのが、人間が何であるかについて記述し説明する概念、つまり人間についての記述的概念ではないことは明白である。そしてまた同様に明らかなのは、彼が問題にしていたのが、現在はまだそれになってはいないが、しかしそれであるべきであるし、またそれでありうるとみなしているところの人間についての概念、つまり人間についての規範的概念であったということである。

フォイエルバッハが崇拝の対象になると考えていた「抽象的人間」がどのような種類の概念であったのかが、大体のところは明らかになってきたが、さらに、彼はこの概念によって表現されている人間が実は人間の欲求や願望の表現でもあることを主張していた。このことは、フォイエルバッハが、彼が人間の本質が対象化されたものに他ならないと考えていた神の本質について次のように書いていたことから知られうる。

「私がそれではないが、しかし私がそれでありたいと願い、それになろうと努力しているもの、それこそが私の神である。それゆえにフォイエルバッハは、神とは人間の諸願望を満たし、人間の諸欲求――どのような種類のものを欲しようが――を満足させる存在者であるといっている。」(24)

前に見てきたところによれば、フォイエルバッハの「人間の本質」が表していたのは、人間がまだそれになっていないが、しかしそれであるべきであり、またそれでありうる人間であったが、今ここでは、この人間が、人間がそれでありたいと欲し、それになろうと努力するような人間でもあることが主張されている。したがって、エンゲルスが「抽象的人間」と呼んでいたフォイエルバッハの「人間の本質」とは、要するに、可能な当為を基礎づける概念でもあれば、同時に人間の欲求、願望の目的を規定する概念でもあったのである。ここまで来れば、さらにフォイエルバッハが当為と欲求、願望との関係をどのように考えていたのかという問題についても尋ねてみたくなるが、しかし、ここでは、フォイエルバッハの「人間の本質」が、たんに人間について説明し、人間がこれこれであるということを表わす記述的概念であったのではなく、かなり独特に把握された人間にかんする規範的概念であったということを確認することができれば十分であろう。ここではさらにこの規範的な概念についてフォイエルバッハが、さまざまな箇所でそれがどのような内容をもつものであるかをはっきりさせようと試みていたので、そうした例の一つを挙げておきたい。同じ著作のなかで彼は、彼が人間の本質が投影されて造られたと考えていた神の概念を明晰にしようと努めながら、次のように述べている。

「…人間にとって聖なるものとはただ、彼のもっとも内奥のもの、彼の最も固有のもの、彼の個性の究極の根拠、本質であるものだけである。…人間にとって本質的な価値をもっているもの、人間にとって完全なもの、優秀なものとして認められているもの、人間が真に喜ぶところのもの、ひとりそのようなもののみが神である。…神とは人間にとって彼の最高の諸思想および諸感情の抜粋帳（Kollektaneenbuch）であり、そこに人間が彼にとって最も貴重な、もっとも神聖な存在の名前を記入する記念帳（Stammbuch）である。[25]」

ここにはフォイエルバッハが宗教的幻想を破壊して人間が取り戻さなければならないと考えていたものが何であったかが興味深く叙述されているが、さしあたって大事なことは、人間の本質がプロジェクトされている神の本質の概念についてのフォイエルバッハの新たな特徴づけである。フォイエルバッハによれば、そうした神の概念は人間にとってもっとも大事なもの、人間にとって本質的な価値をもっているものを書き記したもの、つまりは「人間の最高の諸思想および諸感情の抜粋帳」、「人間にとってもっとも貴重な、もっとも神聖な存在の名前を記入する記念帳」にほかならないのである。このような抜粋帳や記念帳に書き込まれているものが、人間についての知識ではなく、人間についての規範や願望であることは明白なので、フォイエルバッハが問題にしている神の概念、すなわちそこに投影されている人間の本質を表す概念が人間にかんする記述的概念ではなく、それとは異質な次元に属する人間にかんする規範的な概念であることもよりいっそうはっきりとさせられている。

人間の思考の規範的諸前提について考えたことがあるものであれば誰しも、ここでフォイエルバッハが抜粋帳あるいは記念帳と呼んでいるノートが、人間のふるまいを記述したり説明したりするための研究ノートとは異なっていて、このノートによっては代替されえないことを知っているのではないであろうか。そこで、さしあたってここでさらに、規範的概念そのものが書き記されているノートがどのような働きをするものであるかをフォイエルバッハがどのように考えていたかについて見ておくだけにとどめなければならない。この問題についての解答は、フォイエルバッハが神について語っている次のような文章から伺い知られる。

「要するに、信心深い者は、抜粋帳をもっているが故に、一つの集合点（Sammelpunkt）一つの目的をもっている。宗教なしには人間たちにとって生活は無目的なものとして現れる。行為においてすべての有意な人間たちもまた一つの最高の目的を設定する。より高い意味で人倫的な生活の秘密はこのような目的論に基づいている。意志そのものではなく、漠然とした知識ではなく、そこにおいて理論的活動が自己を実践的な活動と結び付けるところの目的のみが、人間に人倫的な根拠および支柱、すなわち性格を与える。普通の人間は宗教（普通の、しかし世界に通用する意味での）なしには道に迷い、集合（Sammlung）、凝集［団結］（Zusammenhalts）の地点を欠く。それ故に、あらゆる人間は自己に一つの神、すなわち一つの究極目的を設定しなければならない（Jeder Mensch muß sich daher einen Gott, d. h. einen Endzweck, setzen）。その究極目的は意識され、そして意欲された生活衝動であり、自己認識の天才的眼光、焦点である――個体的人間における自然と精神との統一である。一つの究極目的をもつものは、自己にたいする法をもつものである。彼は自己を自身で導くだけではなく、彼は導かれるのである。究極目的をもたないものは故郷をもたず、聖域をもたない（Wer keinen Endzweck, hat keine Heimat, kein Heiligtum）。最大の不幸は目的を失うことである（Größtes Unglück ist Zwecklosigkeit）。[26]」

フォイエルバッハによれば、例のノートに記されている規範的概念の本質的な機能は人間に、彼が道に迷わず進んで行くことができる集合の地点すなわち目的をあたえるのであり、この目的において人間は理論的活動を実践的活動に結び付けるのであり、自己に人倫的な根拠および支柱、すなわち性格をあたえるのである。そしてこの目的は人間自身において精神と自然を統一し、彼に自己を導く法をあたえるのであり、したがってそれは彼に故郷を、聖域をもたらすのである。たしかにここでの規範的概念の機能の説明はけっして十分ではないが、しかし、論点が絞られているだけに、さしあたってこの概念によってはじめて人間が自分の生活活動の目的を設定することが可能になり、この目的設定によってまた彼が、目的を欠くという最大の不幸を免れることができるようになり、自己の生活に基盤をあたえることができるようになるという一般的な主張がよく摑めるようになっている。そしてまた、このような人間にかんする規範的概念がもっている機能が、人間が現に何であるかについて記述し説明する人間に関する記述的概念の機能とは異なったものであることも同様によく摑めるのではないか。

さて、以上で、エンゲルスが、フォイエルバッハが礼拝していたと批判していた「抽象的人間」――エンゲルスはそれを人間についての実証的科学に換えなければならないと主張していた――をみてきたのであるが、はっきりしてきたのは、この人間概念が人間にかんする規範的概念であって、人間が何でありうるかだけではなく、人間が何であるべきか、また人間が何であることを欲するかを表す概念であったということである。それは人間のもっとも高い諸思想および諸感情のスクラップブックであり、人間にとってもっとも貴重で神聖なものの名前が記入されているカタログであって、人間に究極的な目的をもたらし、倫理的な土台をあたえ、彼に自己認識をもたらす機能をはたすのである。フォイエルバッハはこうした人間概念が宗教と神学によって奪い取られてしまっていることを批判し、それを人間の手に取り戻すことを訴えたのである。

さて、ここまで来れば、フォイエルバッハの「抽象的人間の礼拝」なるものについてのエンゲルスの議論がどのようなものであったのかがはっきりしてきたといってもよいであろう。今日ではよく知られているように、人間にかんする規範的概念は人間にかんする記述的概念から導き出すことはできず、同じことであるが、後者の概念に還元することもできない。もはや改めていうまでもなく、エンゲルスが、フォイエルバッハが礼拝していたという「抽象的人間」とは、人間にかんする実証的知識から成る記述的概念には還元されえない人間にかんする規範的概念にほかならなかったのである。彼は、フォイエルバッハを嘲弄し、その規範的概念を「現実の人間とその歴史的発展にかんする科学」に置き換えなければならないと主張していたのであるが、これは、ほかならぬエンゲルス自身の理解の欠陥を示していた、つまり、彼が規範的概念についての理解を完全に欠いていて、それが記述的概念とは異質なものであることを把握することができなかったことを示していたのである。その結果、エンゲルス自身がどのようなところに到達してしまったかは明らかであろう。彼は人間についての規範的概念の次元を完全に取り外してしまい、そうした概念を除去し、もっぱら実証的な科学だけでやって行けるというところにまで進んでしまったのである。したがって、どのように革命的言辞によって飾られていたとしても、エンゲルスの唯物論なるものはまさに正真正銘の実証主義にほかならなかったといわなければならない。

したがってまた、ここにいたって、先に提起しておいた問い、すなわち何故エンゲルスがフォイエルバッハの唯物論を説明するさいに、この唯物論と一体になっていたヒューマニズムを捨象してしまったのかということも明らかになったといってもよいであろう。このヒューマニズムとは、すなわち宗教の神ではなく、最高の存在としての人間についての規範的な概念を信じるということにほかならなかったのであるが、そもそもその規範的概念を理解できなかったエンゲルスは、このヒューマニズムとその意義をまったく評価することができなかったのである。その結果彼はそれを新たな宗教としてしか見ることができず、唾棄すべき「抽象的人間の礼拝」というレッテルを貼り付けて退けてしまったのである。

フォイエルバッハのヒューマニズムにたいするこうした対応の仕方からただちに知られるように、エンゲルスがこのヒューマニズムをさらに発展せさる方向にも理解を示さなかったことはいうまでもない。まさにここに、同じく前節で提起しておいた問いにたいする解答が、つまりマルクスの新しい唯物論にたいするエンゲルスの決定的な誤解の根拠があったことは疑いがない。エンゲルスにたいしてマルクスは、すでに見てきたように、たしかにフォイエルバッハの限界を超えて先に進んだのであるが、しかし彼のヒューマニズムにたいしてけっしていっさいを否認するというような態度を採ったわけではなく、ヘーゲルの意味での止揚という仕方で臨み、このヒューマニズムを文字通り発展させた。この新たなヒューマニズムは、前に引用した「ヘーゲル法哲学批判序説」や「フォイエルバッハについての諸テーゼ」のなかの「最高の存在」としての人間や「人間的社会」あるいは「社会的人類」などの概念によって明瞭に現されていたが、エンゲルスは彼自身の実証主義のゆえに、これらの概念が規範的なものであり、マルクスの新たな唯物論の不可分の構成要素であったことが摑めなかったのである。こうして、エンゲルスは、結局、マルクスにおけるヒューマニズム的側面を完全に排除し、マルクスまでも彼に似せてあからさまな実証主義の信奉者に仕立て上げてしまったのだとみなすことができるであろう。

おわりに

天才マルクスにたいして自らをタレントとして位置づけていたエンゲルスは、たしかにタレントにふさわしい仕事をするつもりでいたのかもしれない。しかし、ここで詳細に検討してきたところから明らかなように、エンゲルスは、フォイエルバッハの「ヒューマニズムに合致する唯物論」を発展させたマルクスのヒューマニズム的実践的唯物論あるいは実践的唯物論的ヒューマニズムを適切にコメントする道を歩まず、この新たな唯物論を、一方のヒューマニズム的側面を削り落とすことによって痩身化させ、結局のところをあからさまな実証主義に変質させる方向を選び取っていた。したがって、このタレントはマルクスの唯物論を提示してみせるという看板を掲げながら、実際には、この唯物論とは異質な自分の唯物論の構想を提供していたということになる。このエンゲルス的な実証主義的唯物論は、ここでは論じてこなかったが、原理的には現実にたいしてどうしても無批判的であらざるをえず、その信奉者たちが必要な批判的意識を獲得することを妨げざるをえない。したがって、二十世紀の社会主義運動の失敗にたいしてこのエンゲルスの唯物論が大いに責任があったのではないかということになるのであるが、さしあたって、ここでさらに注意を喚起しておかなければならないのは、この唯物論が避けて通ることができない困難に直面せざるをえなかったということである。それは、この唯物論が、人間と社会についての規範的概念を排除してしまったので、諸選択肢のなかから一つの選択肢を選ばなければならないときに、選択の基準を提供することが原理的にできなかったということである。

この困難を真に克服するためには、エンゲルス的枠組みを拡張して、選択基準を提供できるような規範的な諸概念を導入する方向に進めばよい、つまりはエンゲルスに別れを告げてフォイエルバッハの唯物論を発展させたマルクスの唯物論を復権させればよいのであるが、しかし、注意すべきは、この困難からの理論的な活路がそうした方向にしかないわけではなかったということである。純理論的には複数の選択肢などが原理的には存在しない世界、したがって選択基準をもって選択する必要性などが原理的には生じないような世界を考えてみることも可能なのである。そして、俄には信じられないような話であるが、エンゲルスが進んだのはそのような方向であり、彼の実証主義的な唯物論の構想と彼の有名な弁証法の構想とは相補的な関係にあったのではないかと思われるのである。もしもその通りであったということになれば、エンゲルスの責任はさらにいっそう重くなることになるが、もとよりこの興味深い問題については、改めて本格的に検討してみなければならない。(27)

註

(1) レーニン「マルクス主義の三つの源泉と三つの構成部分」、レーニン『カール・マルクス』、国民文庫、八六ページ。
(2) 拙稿「エンゲルスの誤解」参照、『唯物論』、東京唯物論研究会編、第68号、一九九七年十月。
(3) マルクス主義の歴史においてエンゲルスにたいする批判が早くからルカーチその他の人々によっておこなわれてきたことは知られている。最近のものでは、テレル・カーヴァー『マルクスとエンゲルスの知的関係』(Terrell Caver : Marx und Engels. The Intellectual Relationship. Harvester Press 1983. 邦訳、内田弘訳、世界書院)が広く読まれてきた。しかし、卑見によれば、エンゲルスの哲学の全面的で体系的な批判的検討がおこなわれてきたとはいえない。また、日本ではすでに大正時代に大杉栄が、エンゲルス哲学の原理的欠陥とその否定的諸結果について的確な批判を展開していたが、残念ながら、そうした伝統がその後生かされてきたとは到底いえないように思われる。
(4) 前掲「エンゲルスの誤解」参照。
(5) Friedlich Engels : Herrn Eugen Dühring Umwälzung der Wissenschaft (Anti-Dühring). In : Karl Marx / Friedlich Engels Gesamtausgabe (MEGA). Dietz Verlag Berlin. 1988. I -27, S. 235.

（6）Ebenda, S. 334.
（7）Friedlich Engels : Ludwig Feuerbach und der Ausgang der klassischen deutschen Philosophie. In : Karl Marx/Friedlich Engels Werke. Bd. 21, S. 274-45.
（8）Ebenda, S. 277.
（9）Ludwig Feuerbach : Zur Beurteilung der Schrift : Das Wesen des Christentums. In : Ludwig Feuerbach Gesammelte Werke. Akademie-Verlag Berlin. Bd. 9, S. 233.
（10）L. Feuerbach : Das Wesen des Christentums. In : Ludwig Feuerbach Gesammelte Werke. Bd. 5, S. 444.
（11）Georg Wilhelm Friedrich Hegel : Enzyklopädie der philosophischen Wissenschaften im Grundrisse. Erster Teil. Die Wissenschaft der Logik. In : G. W. F. Hegel Werke. Suhrkamp. Bd. 8, S. 136-37.
（12）L. Feuerbach : Grundsätze der Philosophie der Zukunft. In : Ludwig Feuerbach Gesammelte Werke. Bd. 9, S. 316.
（13）Karl Marx/Friedlich Engels : Die heilige Familie oder Kritik der kritischen Kritik. Gegen Bruno Bauer und Konsorten. In : Karl Marx/Friedlich Engels Werke Dietz Verlag. Bd. 2, S. 132.
（14）筆者はマルクスの唯物論についてはこれまでに何度か検討してきた。さしあたって拙稿「マルクスの唯物論は何であったか」参照。『カオスとロゴス』№5所収、一九九六年。
（15）F. Engels : Ludwig Feuerbach und der Ausgang der deutschen Philosophie. a. a. O., S. 292.
（16）拙著『初期マルクスの批判哲学』参照、時潮社。
（17）K. Marx : Zur Kritik der Hegelschen Rechtsphilosophie. Einleitung. In : MEGA. I-2, S. 177.
（18）K. Marx : 〔Thesen der Feuerbach〕 1. ad Feuerbach. In : MEW. Bd. 3, S. 7.

（19）マルクス／エンゲルス『草稿完全復元版　ドイツ・イデオロギー〔序文・第一巻第一章〕』、渋谷正編・訳、新日本出版社、三八ページ。

（20）F. Engels : Ludwig Feuerbach und der Ausgang der klassischen deutschen Philosophie. a. a. O., S. 306.

（21）Ebenda, S. 306.

（22）Ebenda, S. 288-89.

（23）L. Feuerbach : Das Wesen des Christentums. a. a. O., S. 68.

（24）L. Feuerbach : Zur Beurteilung der Schrift : Das Wesen des Christentums. a. a. O., S. 429-430.

（25）L. Feuerbach : Das Wesen des Christentums. a. a. O., S. 128.

（26）Ebenda, S. 129-130.

（27）筆者は、エンゲルスにおけるこの相補性についてかなり以前に気づき、これまでにも多少は論じてきた。例えば、拙稿「マルクス主義哲学思想の現在」参照、『経済と社会』一九九六年秋号所収。また拙稿「マルクスの唯物論の基本的諸問題」参照、『立正大学　人文科学研究所年報』第34号（平成九年三月）所収。しかし本格的な検討は今後の課題である。

五　エンゲルスの「弁証法」

過ぎ去ったぎ去った二十世紀の最後の十年に入ってから東ヨーロッパ諸国およびソ連における社会主義システムがまことにあっけなく無様に自己崩壊を遂げてしまったことは、まだ多くの人々にとって記憶に新しい。そしてあの社会主義システムが自己のイデオロギーとして発展させてきたのがマルクス主義であり、このマルクス主義があの自己崩壊に、とりわけ崩壊の無様さに大いに手を貸してきたことはよく知られているといってもよいであろう。そこで、崩壊後しばらくのあいだは「社会主義の失敗」の批判的総括のなかでそのイデオロギーの失敗についての批判的議論も活発におこなわれてきた。しかし、時とともに失敗情報は減衰するという周知の法則性（畑村洋太郎『失敗学のすすめ』第3章参照、講談社、二〇〇〇年）が力を発揮してくるにつれて、その批判的議論もいつか衰え始め今では批判らしい批判はすっかり見当たらなくなってしまったようにみえる。こうした状況をみて心あるものは再び社会主義の失敗が繰り返されることになるのではと危惧を抱いているのであるが、今のところそうした心配が杞憂に終わる兆しが現れているとはとてもいえないように思われる。そこで、今大事なことは、こうした趨勢に歯止めをかけ、これまでの成果を踏まえながらマルクス主義の失敗を失敗として受け止めこの失敗についての批判的議論を深め発展させることであろう。こうした観点に立ってみれば、マルクス主義の研究者にとってとりわけ重要なのは、スターリン主義と呼ばれてきたあのイデオロギーがストレートに自己を結びつけてきた伝統的マルクス主義、とりわけその出発点に位置を占めていたエンゲルスの思想を批判的に吟味することであるように思われる。このエンゲルスの思想は、それがもっていた影響力の大きさからすれば、もっと多くの批判があって当然であったが、しかしこれまでのところマルクス主義者たちの権威主義や思考の怠慢などのおかげで真剣な批判は微々たるものであったようにみえる。それだけにいっそうエンゲルスの思想の批判的吟味は緊急の課題だといってもよいであろう。そこで、以下、この課題の一部分を構成する問題、弁証法についてのエンゲルスの見解をできるだけ手短に批判的に検討しておくことにしたい。

（一）エンゲルスの問題意識

「すべての、特に最近の哲学の大きな根本問題は思考と存在との関係についての問題である。」(F.Engels : Ludwig Feuerbach und der Ausganng der klassischen deutschen Philosophie. In : K.Marx/F.Engels Werke. Bd. 21, S. 274.) エンゲルス『ルートヴィヒ・フォイエルバッハと古典的ドイツ哲学の終焉（以下、『フォイエルバッハ論』)』、『マルクス　エンゲルス全集』第21巻、二七八ページ）こうした書き出しから始まる有名な議論のなかでエンゲルスが唯物論についての興味深い見解を提起していたことはよく知られている。しかし、必ずしもよく知られているとはいえないのは、革命の哲学を書き記そうと努めていたエンゲルスが実際に主張していた唯物論は著しく実証主義的な傾向を帯びていた、というよりは文字通り実証主義そのものであったということである。この点について筆者はすでに詳細に論じてきたので（前章「唯物論の痩身化」参照）、ここでは簡単に指摘するに留めておかなければならないが、おそらくその基本的見解は、トートロジーと検証可能性をそなえた命題以外のすべての命題は退ける必要があると考えた二十世紀の過激な論理実証主義に匹敵するといっても過言ではないであろう。このことがもっともよく示されているのは、一八八六年に執筆された『フォイエルバッハ論』における次の一節である。ここでエンゲルスは、ヘーゲル主義と訣別して独自な唯物論思想を開発したマルクスと彼自身を念頭に置いて次のようにコメントしている。

「ヘーゲル哲学からの分離は、ここでもまた唯物論的観点へ回帰するということによっておこなわれた。すなわち、現実的世界――自然と歴史――を、前もって受け入れられた観念論的な愚想なしにそれに近づくどのような人間にも現れるままに把握しようと決心したのである。それ自身の連関においてであって空想的な連関においてではなく把握された諸事実と調和させられない、あらゆる観念論的な愚かな考えを容赦なく犠牲に供しようと決心したのである。そして唯物論とはけっしてこれ以上の意味をもってはいないのである。」(ibid., S. 292. 同前、二九七ページ)

これは、マルクスとエンゲルスが彼らの唯物論においてあらゆる科学的思考の前提になる合理主義的観点を擁護していたということを主張しているだけのことだとみなすことができるのであるが、こうしたエンゲルスの議論は次のような主張を伴っていたのである。

「フォイエルバッハが踏み出さなかった一歩は、やはり踏み出されなければならなかった。フォイエルバッハの新しい宗教の核心をなしていた抽象的人間の礼拝［der Kultus des abstrakten Menschen］は、現実的な人間たちと彼らの歴史的発展にかんする科学で置き換えられなければならなかった。」(ibid., S. 290. 同前、二九五ページ)

ここでエンゲルスが「抽象的人間の礼拝」と呼んでいるのは、「人間が人間にとって神である」というフォイエルバッハの宗教批判の結論に含まれていた人間にかんする規範的概念にほかならなかった。そして、この人間にかんするフォイエルバッハの規範的概念とその取り扱いには本質的な限界があったことは事実であるが、しかし、この文章はエンゲルスが、フォイエルバッハの限界を超えて規範的概念としての人間概念をいっそう発展させるのではなく、そうした規範的概念の独自性を認めず人間にかんする科学的概念を発展させるだけで十分だという方向に進んだことを一目瞭然といってもよいほどにはっきりと示している。改めていうまでもなく、人間にかんする規範的概念を、次元が異なっている記述的概念に置き換えることなどはできないのである。したがって、エンゲルスはそうした規範的概念をいわば追放してしまったのだといってもよいであろう。

ここで挙げた例がよく示しているように、エンゲルスは自分たちの唯物論のもとに科学的知識だけで十分にやって行けるという観点を主張し、空想や幻想を排除するとともに人間にかんする規範的な概念、人間についての理想までも排除してしまっていたのである。したがって、どれほど奇妙にみえようとも彼は狭義の倫理学も広義の倫理学も存在できないような哲学体系を説いていたということになるのであるが、倫理的な理想や目的を説かないこうした哲学が、いったい何故革命家エンゲルスの哲学でありえたのか、また同様に革命家であったり左翼政治家であった彼の信奉者たちの哲学になりえたのか、大変興味深い問題である。しかし、明かなことは実証主義的な彼の哲学が、歴史上のその他の同様の哲学と同様に、とりわけ二十世紀の実証主義哲学に負けず劣らず、本質的に現状の弁護論として機能しがちなものであったということである。このエンゲルスの哲学から始まった伝統的マルクス主義がやがてスターリン主義へと変質して行き、ソ連型の国権主義的社会主義システムの弁護論的イデオロギーとして利用されることになったのは、蓋し当然のことであったと考えなければならないのである。だが、さしあたってここでさらに検討しておかなければならないのは、人間についての規範的概念を排除したエンゲルスが彼が生きている世界をどのように思い描いていたのかということであろう。エンゲルスのように人間についての理想を斥けてしまえば、複数の可能性が開かれている世界でそれらの可能性のなかから選択する基準をもたないことになり、したがってまたそれらの可能性の一つを選択することも原理的にできないことになるであろう。そして、その選択ができなければ、可能性を現実性に転化させることもできないことになり、歴史を前に進めることもできないことにならざるをえない。そこで、こうした不都合を避けようとすれば、およそ選択などがいっさい必要ではなくなるような世界を想定しなければならないということにならざるをえない。それはとてつもなく奇妙な世界であるが、しかしエンゲルスはそのような世界に住んでいたと考えざるをえないような議論を実際にしていたのである。そこで、これから、エンゲルスが何を考えていたのかを知るために弁証法についての彼の有名な議論に立入ってみなければならない。

エンゲルスがヘーゲルの観念論的体系を彼の哲学の「保守的側面」とみなし、彼の弁証法的方法をその革命的側面として高く評価していたことはよく知られているが、彼の考えではこの弁証法はそのままでは使い物にならなかった。それは、ヘーゲル主義的な観念論から洗い清められ唯物論的に染め上げられなければならなかったのである。その理由をエンゲルスは次のように語っていた。

「ヘーゲルは単純に脇に置かれたのではなかった。反対に、…彼の革命的側面に、すなわち弁証法的方法に結びついたのである。しかし、この方法はそのヘーゲル的形態では使いものにならなかった。ヘーゲルのところでは弁証法は概念の弁証法であった。…ヘーゲルのところでは自然および歴史のなかに現れる弁証法的発展、すなわちすべてのジグザグな運動と一時的な後退を通じて貫かれている、低いものからもっと高いものへ向かう進展の因果的連関は、永遠の昔から、どこであるかは知らないが、ともかくもあらゆる思考する人間の頭脳から独立に進行している、概念の自己運動の似姿［Apklatsch］にすぎないのである。このようなイデオロギー的な転倒を除去する必要があった。」（ibid., S. 292. 同前、二九七ページ）

ここでエンゲルスは、そのままでは使いものにならなかったとしても、ともかくもヘーゲルの弁証法が彼の哲学の「革命的側面」を成していたという仕方で議論をしているが、はたしてこうした解釈は適切であったのであろうか。エンゲルスはマルクスのヘーゲル解釈が自分の解釈を支持していたと確信していたのであるが、はたしてその通りであったのか。エンゲルスが手本にしていたマルクスが彼の晩年に述べていたところによれば、たしかにヘーゲルは「弁証法の一般的な運動諸形態を初めて包括的で意識的な仕方で叙述した」のであるが、しかしこの弁証法はヘーゲルにあっては神秘化されていたのであって、その神秘化された形態で弁証法が流行したのは「それが現状を光明で満たすようにみえた」からなのであった（K. Marx : Nachwort zur zweiten Auflage. In : Das Kapital Kritik der politischen Ökonomie. Erster Band. Dietz Verlag Berlin, S. 27）このマルクスの言葉を文字通りに受けとめるならば、ヘーゲルの弁証法は彼の哲学の現状弁護論的な側面を、つまりはまさにその「保守的側面」を成していたことになる。筆者の考えによれば、このマルクスの評価が適切なのであって、ここで立入って検討することはできないが、エンゲルスのように解釈することは、それ自体として間違っているだけでなくヘーゲルにおける「革命的側面」が実際にどこにあったのかを理解することを妨げることになるので、退けられなければならないのである（例えば拙著『初期マルクスの批判哲学』参照、時潮社、一九八六年）。要するに、エンゲルスは彼の手本を適切に理解していなかったのではないかということになるが、しかし、それでも彼は、ここで示されていたように、「弁証法はヘーゲルにあっては頭で立っている」というマルクスの批判には完全に同意し、さらに「神秘的な外皮のなかに合理的核心を発見するためには、それをひっくり返さなければならない」というマルクスの提案も積極的に受け止めていたのである。そして、すでにここでの議論から知られることであるが、弁証法についての彼の考えを次のように展開している。

「[このようなイデオロギー的逆立ちは、除去しなければならなかった。]われわれは、現実の諸事物を絶対的概念のあれこれの段階の模写としてとらえるかわりに、再び唯物論的にわれわれの頭脳の諸概念を現実の諸事物の模写としてとらえた。これによって弁証法は、外的な世界および人間の思考の運動の普遍的諸法則にかんする科学に還元されたのである。…このことによって概念弁証法は、現実の世界の弁証法的運動の意識された反映にすぎないものになった。」(F. Engels : Ludwig Feuerbach und der Ausgang der klassischen deutschen Philosophie. a.O., S.292-3. 前掲『フォイエルバッハ論』、二九七〜八ページ)

こうした議論においてエンゲルスが発展させようと努めていたのは、何よりも先ず自然をできあがった諸事物の複合体としてではなく諸過程の複合体としてみる見方であった。彼の考えでは、自然の諸過程の連関にかんする知識はとりわけ十九世紀中葉の三つの偉大な発見、細胞の発見、エネルギー保存則の発見、さらに生物進化の発見などによって急速に発展させられ、その結果、「今ではわれわれは自然における諸過程のあいだの連関を個々の領域で指摘できるばかりでなく、個々の諸領域の連関をも大体において指摘できるようになり、こうして経験的自然科学そのものが提供してくれる諸事実を用いて、自然の連関の包括的な像をほぼ体系的な形態で描くことができるところにまできている」(ibid., S. 295. 同前、三〇〇ページ)のである。「自然の連関の包括的な像を体系的に描き出す」などという言葉から誰もが連想するのは古代ギリシャの最初の哲学者たちのところから始まった哲学史上の伝統的な自然哲学であるが、それらの自然哲学はまさにそうした課題を実現しようと試みてきたのではないであろうか。エンゲルスの考えではその通りなのであるが、しかし、それらの試みは本質的な諸限界をもっていたのである。それらの限界をエンゲルスは次のように簡潔に描きだしていた。

「自然哲学は、まだ知られていない現実の諸連関を観念的な空想的な諸連関で置き換え、欠けている諸事実を思想像で補い、現実の諸間隙をただの想像で満たすことによってしかこの任務を果たすことができなかった。このようなやり方をしながら自然哲学は多数の天才的な思想をもっていたし、多数の後日の発見を予感していたが、しかしまた馬鹿げたことも少なからずさらけだしもしたが、これはそうなるよりほかはなかったのである。」(ibid., 同前)

伝統的な自然哲学はエンゲルスの考えでは、自然諸科学の発展によって提供される自然についての知識によって制約されていた。したがって、その限界は歴史的なものであり、誰もが時代の子である以上、やむをえなかったのである。これは、ここで述べられている限りでは誰もが認めざるをえない正論であり、近代に入ってからの、とりわけ十九世紀における自然諸科学の急速な発展によって、エンゲルスが指摘しているように、古い自然哲学は自ずから斥けられることにならざるをえなかったといってもよいであろう。だが、当然のことながら、このことは、「自然の全体像」を提供するという課題そのものも片付けられてしまったことを意味していたわけではなかった。新たな全体像が提供されなければならなかったはずである。そこで、エンゲルスは次のように積極的に主張しながら、併せて旧自然哲学の終焉を宣告している。

「今日では、われわれの時代にとって満足の行くような『自然の体系』[ein für unsere Zeit genügenden "System der Natur"] に到達するためには、自然研究の諸成果をただ弁証法的に、すなわち、それら自身の連関という意味において把握しさえすればよく、この連関の弁証法的性格は、自然研究者たちの形而上学的に訓練された頭脳でさえ彼らの意志に反して認めずにはいられないほどである。今日では、自然哲学は最終的に片付けられてしまった。それを復活させようとするどのような試みも、たんに余計なことであるだけではなく、退歩になるであろう。」(ibid., 同前)

エンゲルスが積極的に主張していたのは、旧自然哲学と訣別し自然諸科学の諸成果を利用して新しい時代の「自然の体系」、自然の全体像に到達するということであるが、彼が、いったい実際にそれがどのようにしてできると考えていたのか、そしてまた結果としてどのような理論が、どのような概念体系ができあがると考えていたのかは、以上だけからでは定かではない。しかし、よく知られているように、はっきりしていたこともあり、それは、彼がそうした体系を「自然の弁証法」と呼びそれを書き上げようと晩年に大変な努力を傾けていたということである。

(二) エンゲルスの「弁証法」の概念

エンゲルスはこの体系のために非常にスケールの大きい計画を立て研究を進めたが、しかしその努力は中断させられ、今日の残されているのはかなり纏まった何篇かの小論文と大量の覚書およびフラグメントだけである。十九世紀後半の「自然の体系」は未完のままに留められたのである。

ところで、エンゲルスがその体系を仕上げようと努めていたのが自然についてだけではなかったことはいうまでもない。もともとマルクスとともに社会革命家として資本主義的システムの変革を最高の課題とみなしていたエンゲルスにとってよりいっそう大きな関心が社会に向けられていた。したがって、少し前に引用した文章のなかに登場していた、彼が弁証法が取り扱うとみなしていた運動の一般的諸法が妥当する「外的な世界」のなかには最初から社会もまた含まれていたのである。そこで、自然弁証法の構想について語った後にエンゲルスは続けて次のように議論を進めている。

「こうして一つの歴史的発展過程としても認識されるようになった自然について妥当することは、またそのすべての諸分肢における社会の歴史についても妥当するし、また人間的な（および人間と神的な）諸事物を取り扱うすべての学問についても妥当する。」（ibid., S.295-6. 同前、三〇〇〜〇一ページ）

ここでもエンゲルスは、さきに旧自然哲学について指摘してきたことが、歴史哲学、法哲学、宗教哲学等々の社会とその歴史に関わる諸哲学にたいしても当てはまる、つまり現実的な連関を追求する代わりに空想的連関が据えられたり「神秘的な摂理」が導入されたり等々ということがおこなわれてきたということを強調している。古代ギリシア哲学からヘーゲル主義にいたるまでの伝統的社会哲学の本質的諸欠陥についての簡潔ながら適切な批判的見解を披露しながらエンゲルスは積極的につぎのように主張している。

「ここでも、自然の領域でとまったく同じように、現実の諸連関を発見することによって、こうした作られた人為的諸連関を取り除くことが必要であった。これは一つの課題であり、それは、結局は人間社会の歴史なかで支配的なものとして貫徹される普遍的な運動諸法則を発見することに帰着するのである。」（ibid., S. 296. 同前、三〇一ページ）

要するに、今や旧来の社会哲学や歴史哲学を退けて、先の「自然の弁証法」と同様に「社会の弁証法」を構築しなければならないということであるが、前の引用文と併せてこうした文章を読めば誰もが直ちに、自然の歴史に当てはまることはそのまま社会の歴史にも当てはまるかのように説いているエンゲルスの議論には問題があるのではないかと考えるに違いない。しかし、もとよりエンゲルスもそうした批判は十分に承知していて両者の歴史の決定的相違についての議論もそれなりにおこなっていたのであるが、この興味深い問題については機会を改めて検討することになるであろう。さしあたってここではエンゲルスが、自分たちはヘーゲルの弁証法をその観念論から救い出し唯物論的弁証法に転換させたのであるが、今やこの弁証法を「自然の弁証法」および「社会の弁証法」として、つまりは「現実的世界の弁証法」として発展させなければならないと主張していたことに注目し、その基本的な問題点を検討しておかなければならない。

エンゲルスによるヘーゲルの弁証法にたいする批判、それからエンゲルス自身の「自然の弁証法」、さらに彼の「社会の弁証法」についての積極的主張についてはこれまでに非常に多くの議論が積み重ねられてきている。ここで今それらの議論に立入ることはできないが、しかし、それらの議論を通じて誰もが、それをどのような言葉で呼ぶかにかかわりなく、エンゲルスがその必要性を訴えていた「自然の連関の概観をほぼ体系的な形で描くこと」、「われわれの時代にとって満足の行く『自然の体系』に到達すること」、つまりは「自然の弁証法」を仕上げることは、そして、同様に「そのすべての分枝における社会に歴史」、「社会の弁証法」を仕上げることも、やはり十九世紀後半の哲学の重要な課題であったということは認めてきたのではないであろうか。そしてまた、エンゲルスの遺稿集『自然の弁証法』（および彼の晩年の哲学諸著作）はこうした課題に真正面から取り組んだ画期的な業績として評価されてしかるべきではないかということも広く認められてきたのではないか。さらに問題は、こうした課題は二十一世紀初頭の現代においてもその重みを失っていないどころか、いっそう重要なものになっているということである。耳を聾するほどに温暖化の危険が叫ばれ、資源の廃棄物による環境汚染が人々の不安と恐怖を増幅させている今日、誰もが人間的自然も含めての自然についての理解を深め、「われわれの時代にとって満足が行くような『自然の体系』に到達すること」の必要性を文字通り痛感しているのではないであろうか。そしてまた、この自然との関係を媒介している社会のあり方についても誰もが真剣に関心をもたざるをえず、グローバリゼーションが声高に論じられている現代における社会についての体系的な概念の必要性を実際に痛みを感ずるほどに感じているのではないか。哲学はいつの時代においても知識の総合であったし、またそうであろうと努めてきた。今ほどそうした哲学が、あるいは哲学のそうした側面が必要とされる時代はなかったといっても過言ではないであろう。

さて、以上でみてきたのは、弁証法についてのエンゲルスの議論の肯定的に評価されるべき側面であるが、問題は、彼の議論がもっていたのはそうした側面だけではなかったということである。実は彼は以上でみてきたような弁証法についての議論をどのように位置づけるべきかという問題で独特な主張を掲げていたのである。これを彼は晩年の哲学的諸著作のなかで繰り返し表明したが、ここでは、これまでみてきた議論が総括されてもいるので、『反デューリング論』の一節を引用しておくことにしたい。

「これまでのドイツ観念論が総体的に転倒しているという洞察は必然的に唯物論へと導いた。しかし、注意せよ、十八世紀のたんなる形而上学的な、もっぱら機械論的な唯物論へではない。すべての先行歴史の素朴革命的な、単純な否認とは反対に、近代的唯物論は歴史において人類の発展過程――その運動諸法則を発見することがこの唯物論の課題である――をみる。十八世紀のフランス人たちならびにヘーゲルのところ支配的であった自然の表象――ニュートンが教えた永遠の天体やリンネが教えた生物の不変な諸種をともなった狭い循環運動において自己を動かし、自己を同じままに留まらせる一つの全体というもの――とは反対に、近代的唯物論は自然科学の最近の進歩を総括する。それによれば、自然もまた時間における歴史をもっているのであって、諸天体ならびに有機体の諸種類は発生したり消滅したりするのであり、循環諸運動は、そうしたものが一般に認められる限り、際限もなく大規模な諸次元でおこなわれているのである。両方の場合において近代的唯物論は本質的に弁証法的であり、もはやその他の諸科学の上に立つ哲学を必要としない。個々の個別科学にたいして、諸事物と諸事物についての知識の総体的関連におけるそれぞれの位置をはっきりさせるようにという要求が現れてくるや否や、総体的連関にかんするいかなる特別な科学も余計なものになる。これまでの哲学全体からなおも自立して存続するのは、思考およびその諸法則にかんする学説――形式論理学と弁証法である。その他のすべては自然および社会にかんする実証的科学に引き渡される。」(F. Engels: Herrn Eugen Dührings Umwälzung der Wissenschft (Anti-Dühring). In: K. Marx/F. Engels Werke. Bd. 20, S. 24. エンゲルス『反デューリング論』、『マルクス　エンゲルス全集』第20巻、二十四～五ページ)

当時ようやく発展し始めたばかりの現代論理学については知られていなかったので、エンゲルスが「形式論理学」のもとに考えていたのは伝統的論理学のみであった。そして彼は、この論理学にたいしては、「弁証法」の概念に包摂されるヘーゲル的な「弁証法的論理学」を対置させ、判断の形式や推理の形式をただ数え上げたり何の関連もないままに並べ立てているなどときわめて低く評価していた（ibid., S. 492）。形式論理学にたいするこうした低い評価がレーニンを経てソ連の哲学者たちによって執拗に繰り返されたために、旧社会主義圏で論理学の発展がどれほど妨げられることになったかはよく知られているといってもよいであろうか。二十世紀中葉の旧社会主義圏の論理学は西側の論理学から半世紀も遅れているとみなされていたのである。だが、さしあたって大事なことは、エンゲルスが哲学として存続できるのは形式論理学と弁証法だと述べながらも、前者は著しく低く評価していたので、結局哲学として残るのは「弁証法」だけだと考えていたということになるということであり、実際にエンゲルスの後継者たちはそのように受け止め、その弁証法を練り上げようと努めることになったということである。その結果としてしばしば、マルクス主義の哲学とはエンゲルスの意味での弁証法のことであり、つまりは彼が語っていたように、「外的世界および人間の思考の運動の普遍的諸法則にかんする科学」にほかならないとみなされてきた。もちろんエンゲルス自身もその後継者たちも実際には哲学についてのこの規定からはみ出るような議論もおこなっていたのであるが、しかし、当然のことながらこの規定によって拘束され独特な特徴を備えた哲学を展開することにならざるをえなかったのであり、そのおかげもあってマルクス主義的社会主義運動は過ぎ去った二十世紀に大いなる躓きと挫折を経験することにならざるをえなかったのである。そもそも哲学全体を「弁証法」に引き下げてしまったエンゲルスの構想にはどこにどのような問題があったのか。エンゲルスは自分たちの哲学を開発するさいに自分は第二ヴァイオリンを引いただけで、全体をリードしたのはマルクスにほかならなかったと語っている。はたしてエンゲルスはその役割をうまくこなしていたのであろうか。つまり、エンゲルスはマルクスの哲学を適切に理解し、それを発展させようと努めていたのであろうか。こうした問いにたいする解答はそれなりによく知られるようになってきているのであるが、しかし未だに十分な解答が提供されているとは到底みなされえない。そこで、節を改めて、この問題に深く関わり合ってきた旧東ドイツの哲学研究者たちの議論を顧みながら、そのもっとも基本的な論点について立ち入って検討を試みておきたい。

(三)　非歴史的「存在論」としての「弁証法」

一九二〇年代の後半からマルクスの哲学的諸著作が初めて発表されるまでエンゲルスの哲学がどのように評価されていたかは、ロシア革命の名実ともに最高のリーダーであったレーニンがマルクス主義哲学についてどのような議論をしていたかを思い起こすだけで十分であろう。彼は、前節で検討してきたエンゲルスの晩年の哲学的著作を「自覚した労働者の誰もが必ず座右に置くべき書物」として『共産党宣言』や『資本論』と並べて推薦していた（レーニン「マルクス主義の三つの源泉と三つの構成部分」など）。それらの著作にはマルクスのライフワークに匹敵するほどの重みが与えられてきたのであり、マルクス主義の哲学とはエンゲルスの哲学にほかならなかったのである。たしかにマルクスの『経済学・哲学草稿』などの彼の初期の哲学的諸著作が公表される以前にもエンゲルスの哲学にたいする批判を含む議論がおこなわれてこなかったわけではないが、しかしそれらの議論はあくまでも例外的ケースにとどまり、この哲学の権威を揺るがすものではなかった。そしてまた、マルクスの哲学的諸著作が発表されてからも、社会主義運動のスターリン時代が始まっていたこともあって、それらの著作の影響は微々たるものにとどまり、支配の座についていたスターリン主義によって継承されたエンゲルスの哲学の方がはるかに大きな影響力を発揮し、マルクス主義哲学とは自然、社会および思考のもっとも普遍的な諸法則にかんする科学にほかならないという主張が広範に流布させられたのである。新たに発表されたマルクスの諸著作が本格的に読まれるようになったのは、ようやく一九五〇年代に入ってスターリンの神話的権威が失墜させられスターリン主義にたいする批判がおこなわれるようになってからであった。そしてそれとともにエンゲルスの哲学と彼の「弁証法」にたいする直接的あるいは間接的な批判も本格的におこなわれるようになってくる。

二十世紀中葉から始まった本格的なマルクス研究がさまざまな地域の多くの人々によって発展させられてきたが、スターリン主義にたいする批判とともにエンゲルスにたいする批判も、それほど活発であったとはいえないとしても、さまざまな地域の人々によって発展させられてきた。そして今日から振り返ってみると、欧米や日本のマルクス主義者たちは、それまで支配的であったスターリン主義と容易に決別することができたのであるが、その容易さが災いしたのであろうか、彼らのスターリン主義にたいする批判は概ね皮相なものにとどまっていたことがわかる。それにたいして興味深いのは、スターリン主義の影響が大きくそれだけに容易にはスターリン主義と決別することができなかったような地域の人々の方が、スターリン主義にたいする批判もそれだけいっそう深いものになっていたということであろう。

おらくそれらの批判のうちでももっとも優れていたのは、旧社会主義圏内反体制派のマルクス主義者たちによって提起されていた批判であったが、忘れられてはならないのは同様な批判が、同圏内の一見弁護論的イデオローグとして活躍していたようにみえる哲学者たちによっても提起されていたということである。そして、そのスターリン主義批判のなかで彼らはエンゲルスの「弁証法」にたいしてもきわめて興味深い批判を展開していたのである。もとより彼らのところではエンゲルスにたいする直接的な批判は許されていなかったので、その批判は間接的なもので、表向きはエンゲルスを擁護しつつスターリン主義を批判し、そのなかで内容的にご本尊のエンゲルスにたいする批判も展開するという戦術が用されていたのであるが、それらの批判は今もなお価値を失っていない。そこで、以下、すでに振り向くもの少なくなってきた、二十世紀後半の旧ソ連型社会主義諸国中の「優等生」といわれていた旧東ドイツの公認の哲学者たちの言葉に耳を傾けておくことにしたい。

彼らのうちでもっとも注目に値する議論をしていたものの一人は、同国でスターリン批判後精力的に活躍し、一九六〇年代の半ばにソ連製マルクス主義とは異なった新しい哲学教科書を編集したアルフレート・コージングであった。新しい教科書をつくるにあたっては当然古い教科書を斥けるための理由をはっきりさせなければならなかったので、そのために彼はかなり大きな論文を書いて発表していた。そのなかで彼は最初にエンゲルスの「弁証法」についての見解がマルクス主義哲学の対象規定として広く採用されてきたことを次のように確認している。

「過去数十年来流行ってきたマルクス主義哲学の対象の定義は次のようなものであった。すなわち、弁証法的唯物論は自然、社会および思考（あるいはまた認識）の普遍的な（あるいはまたもっとも普遍的な）法則性にかんする科学である。この規定は、時折僅かな変更が施されてきたがマルクス主義哲学の大部分の教科書や叙述に見出される。」（Alfred Kosing : Gegenstand, Struktur und Darstellung der Marxitischen Philosophie. In : Deutsche Zeitschrift für Philosophie. Heft7/

1964, S. 785. 芝田進午編訳『現代にマルクス主義哲学論争』、青木書店、一八ページ)

すでに前節でも指摘してきたように、このような哲学の対象の規定はその創始者のところでも不十分であることが明白であったが、その継承者たちのところでも同様で、マルクス主義哲学の名のもとに彼らはこの定義をはみ出るような議論を大量におこなってきた。そこでコージングは、「大抵の著者はこの定義が不十分であることを多かれ少なかれ知っている」にもかかわらずこの定義を採用してきたのは、「一度はっきりと定式化されてしまうとこれに固執するという思考のある種の怠慢および保守的な性癖があらわれている」せいなのではないかと批判している（ibid., 同前)。

たしかにこうした批判もそれなりの正当性をもっているが、しかし問題は、ここで挙げられているような否定的な心理的諸傾向が優勢になっていたことが確かめられたとしても、ただちに何故そうなったのかという問題が提起されるということである。実はこの問題は重要な問題で、旧東ドイツも含めて旧社会主義諸国は、印刷物という印刷物をすべて検閲し徹底的に情報を統制していた文字通りの言論不自由社会であったために、そもそも人々が思考を活性化させ革新的姿勢でことに当たるなどということは基本的に歓迎されていなかったのである。それどころか、人々は生き延びるために「思考のある種の怠慢や保守的な性癖」を身に備えることを必要としていたといってもよいであろう。このような社会で「一度はっきりと定式化されて」しまっているだけではなく、公認の教科書や辞典の類に書かれているということになれば、いったい誰が蛮勇を奮ってそれを書き改めることなどを試みるであろうか。

スターリン主義が支配していた時代にエンゲルスの「弁証法」の規定がそのままマルクス主義哲学の定義にされてきて、誰もが不十分だと思いながらもそれが訂正されてこなかったのは、何よりも先ず、言論不自由社会で人々の知性が拘束され麻痺させられていたことの結果であった。その意図がどこにあったかにかかわりなく、それを悪しき怠慢や一般的な保守的性癖などのせいにしていたコージングの批判は不十分であったとみなさなければならないが、しかしそれに続く彼の議論はもはや不適切ではないどころか、スターリン主義とこの哲学によって継承されたエンゲルスの「弁証法」にたいする原理的に的確な批判になっている。彼の考えでは、エンゲルスの「弁証法」の定義をそのままマルクス主義哲学の定義に移行させた場合に、たんにいわゆる哲学の根本問題その他の哲学的諸問題を排除することになってしまうだけではなく、さらにいっそう由々しき問題を引き起こすことになるのである。コージングは次のように書いている。

「それは同時に世界観を科学主義的に限定すること［eine scientizistische Einschränkung der Weltanschauung］を意味する。世界観は諸科学の諸要求という視点のもとに考察されるが、しかしマルクス・レーニン主義的政党の政策にとっての、社会的実践にとっての、社会的意識の発展にとっての、人間の形成にとっての、そしてまた人間の行為にとっての世界観のよりいっそう包括的な意味は多かれ少なかれ考慮されなくなる。その結果、自然、社会および思考の普遍的な諸法則にかんする科学は、現代における人間の生活のアクチュアルな諸問題にほとんど関係をもたず、人間の世界観的諸欲求を満足させないような作り物に変わってしまう。」(ibid., S. 786. 同前、二〇ページ)

コージングの考えでは、エンゲルスの「弁証法」の規定にしたがってマルクス主義哲学を自然、社会および思考のもっとも普遍的な諸法則についての科学だと主張してきた人々は、世界観の諸問題を結局「諸科学の諸要求という視点」のもとに考察することになるので独特な科学主義を唱えてきたのだとみなさなければならないのである。こうした指摘はこれまでにもさまざまな仕方でおこなわれてきたことで、正論だとみなすことができるであろう。

ここで指摘されているような傾向は、あらゆる科学の本質的な要請である検証(あるいは反証)可能性の強調と結びついているだけでなく、この可能性を持たない価値的あるいは規範的諸概念を排除しがちであるために実証主義的でもあることになるが、エンゲルスがそうした方向を辿っていたことはすでにみてきた通りである。この点でもコージングはエンゲルスを弁護しているが、エンゲルスの実証主義的傾向は疑いの余地がなく、コージングの論証が間違っているといわなければならないであろう（前章「唯物論の痩身化」参照）。エンゲルスは科学主義的で実証主義的な哲学を説いていた張本人であり、コージングが批判しているスターリン主義的な後継者たちはそれを忠実に継承し、自分たちの都合のよい方向に発展させただけのことなのである。

それでは、エンゲルスから始まり彼の後継者たちによって発展させられた科学主義的あるいは実証主義的傾向をもった哲学はいったいどのような結果をもたらさずにはおかなかったのであろうか。この問いにたいしてエンゲルスを免罪しながらコージングがあたえている解答は、そうした傾向を持った哲学にたいして通常おこなわれてきた批判とおなじで、つまりは、この哲学が人間の現実的生活に、つまり社会主義的変革の旗を掲げた政党の政策、人々の社会的実践、人々の社会的意識の発展などもふくも現実の人間の生活のアクチュアルな諸問題に積極的にかかわることができないということであり、人々の哲学への諸欲求を満足させることができないということであった。要するに、エンゲルスの「弁証法」の規定をベースにした科学主義的あるいは実証主義的傾向をもった哲学は、その看板がどのようなものであれ、その時代の哲学ではありえず、その時代の哲学としては失格なのである。

こうした批判からも明らかなように、コージングにとってマルクス主義哲学とは現実の人間の生活「その時代を思想においてとらえた［ihre Zeit in Gedanken erfaßt］」（ヘーゲル）ものでなければならず、「その時代の精神的精髄［die geistige Quintessenz ihrer Zeit］」（マルクス）でなければならない。したがって、その課題は次のように考えられなければならないのである。

「マルクス主義の課題は、哲学の根本問題にもとづき、もろもろの普遍的な合法則性とカテゴリーの構成をふくむ普遍的な世界像を媒介することだけには制限されえない。それはまたわれわれの時代の基本的な諸問題にたいする世界観的な解答をあたえなければならない。それは、われわれの時代においてすべての社会的な生活諸領域で実現されつつ革命的な諸変革の理解への道を開示し、人間たちにたいして彼らの思考、感情および行為にとっての諸々の定位や視点をきわだたせなければならない。」（ibid., S. 794. 前掲『現代のマルクス主義哲学論争』、三七ページ）

このような課題を解決しようと努力することを通じてはじめて哲学が「その時代の精神的精髄」になり、人間の現実的生活のなかで役立つ本物の哲学になりうるというわけであるが、コージングがこれまでのマルクス主義哲学がそのような機能を果たしてこなかったとみなしていたことは明らかである。それでは、さらに彼はどこにどのような問題があったと考えていたのであろうか。コージングは、一世を風靡し当時もなおその新しい形態が力を維持し続けていたスターリン主義的マルクス主義を念頭に置きながら、この哲学がそのために必要なもっとも本質的な条件を決定的に欠いていたと考え、次のように述べていた。

「…人間の(具体的・歴史的で社会的な)本質、われわれの時代における彼の使命、人間像、世界における人間の位置および人間の生活の意味、価値についての正統的な哲学的諸問題が無対象なもの[空虚なもの]として退けられたり、観念論的な逸脱として誹謗されてはならない。こうしたことは、個人崇拝の時代にマルクス主義哲学とその対象を教条主義的に狭く限定したためにしばしば起きたことであった。マルクス主義哲学がこのすべての哲学的行為の最高の対象[dieser höchste Gegenstand allen Philosophierens]をそれに相応しい仕方で取り上げないとすれば、この対象を闘わずしてブルジョア的人間学や神学に引渡し、自分自身を切り縮めることになるであろう。」(ibid. S. 796. 同前、三九ページ)

スターリン主義的マルクス主義は哲学についてのエンゲルスの見解に教条主義的に従ってきたために、その対象を狭く限定し「すべての哲学的思考の最高の対象」にほかならない人間を締め出してきた、というわけであるが、著者のコージングが、スターリン主義的マルクス主義の本質的な欠陥をいかに的確に指摘していたかがよく示されているといってもよいであろう。すでにスターリン批判後の一九五〇年代の後半からこうした批判がさまざまな地域で、とりわけユーゴスラヴィアをはじめとする東欧諸国で澎湃として沸き起こってきていたが、ここにコージングもまたそうした流れの乗って本格的にマルクス主義の革新を図ろうと努めていたことが明白に示されている。

そしてまた注目すべきはここでコージングが、マルクス主義のスターリン主義的形態が哲学の最高の対象である人間を締め出してしまっていたというときに、また「世界における人間の地位および人間の生活の意味、価値」の問題〔Fragen nach der Stellung des Menschen in der Welt und nach dem Sinn, dem Wert des menschlichen Lebens〕も締め出してしまっていたということも指摘していたということである。マルクス主義者たちによってこのことの重要性は必ずしもよく知られてはいなかったが、かりに哲学の最高の対象としての人間を導入したとしても、この人間についての概念が記述的なものに限られていれば、その哲学は依然として実証主義のままに止まらざるをえない。その対象のセンターに人間を導入するだけではなく、また人間にかんする規範的概念も導入してはじめて実証主義を超克することが可能になる。もしもこの概念を導入せずそれを発展させることができなければ、哲学が自己の諸課題を適切に設定し時代の「精神的精髄」のレヴェルにまで自己を高めることができないことは間違いないであろう（拙稿「マルクス主義哲学思想の現在」、「マルクスの唯物論とは何であったか」参照、『マルクスの21世紀』所収、学樹書院）。

ここでもまたコージングが直接的には、マルクス主義的社会主義運動において支配的であったスターリン主義に批判を向けていたのであるが、しかし間接的にエンゲルスにも向けていて、彼の批判がすべてエンゲルスにも当て嵌まることは改めて指摘するまでもないであろう。コージング自身はエンゲルスを擁護しているのであるが、しかし彼が主張していたことからは自ずから、エンゲルスがマルクス主義哲学に他ならないと考えていた、自然、社会および思考の普遍的な諸法則にかんする科学としての「弁証法」は、マルクスが考えていた哲学としては完全に失格であり、不適切なものであったという結論が導き出されざるをえないのである。

それでは、そもそもこのエンゲルスの「弁証法」をいったい何であったと考えればよいのであろうか。ここで検討してきた論文を発表してから数年後に著者のコージングは「マルクスとマルクス主義哲学の将来」という報告をおこない、そのなかで、これまでみてきた諸批判を前提にしながら次のように総括的に論じている。

「もしわれわれが、マルクス・レーニン主義哲学はたんなる自然、社会、思考の普遍的諸法則にかんする理論にすぎないととらえるならば、発達した社会主義制度を形成することは、この哲学自身の発展にそれほど大きな成果をもたらさないであろう。すでにわれわれは普遍的な法則性について知っているのであるから、マルクス主義哲学をいっそう発展させることは、科学の発展と社会的実践の本質的な諸成果を哲学的に分析し一般化して、それらの普遍的な法則性を改めて確認し、またせいぜいのところ、それらの法則性が働いているいくつかの現象形態を示すことになる。そのさい、マルクス主義哲学の内容は『世界全体にかんする見解［Anschauung vom Weltganzen］』とみなされている。そのことによって、マルクス主義哲学は（マルクスが言い表していたような）その時代の精神的精髄ではなくなる。むしろそれは、非歴史的に把握された『存在論』、すなわちまだほとんど知られていない――実践的・理論的にわがものとされていないので――世界についての知識をもっと称する『存在論』だということになる。マルクス主義哲学についてのこのような教条主義的理解は、マルクス、エンゲルス、レーニンの見解の根本的な誤解に基づいている。マルクス主義哲学は、このように教条主義的に理解される限り、社会主義の完成と結びついた無数の新しい問題を理論的に解決するのに何ら積極的な役割を演ずることはできない。」（Alfred Kosing : Karl Marx und die Zukunftder marxitischen Philosophie. In : Die philosophische Lehre von KARL MARX und ihre akutuelle Bedeutung. Berlin 1968.）

テーマが、マルクス主義哲学は自然、社会、思考の、つまりあらゆる存在の普遍的諸法則にかんする理論であるという、スターリン主義によって継承されたエンゲルスの「弁証法」の概念であることは、改めて指摘するまでもないであろう。　興味深いことは著者がこの哲学は、この哲学で食べている職業的哲学研究者には、たとえ面白くもない仕事であったとしても、しかしともかくも仕事を提供していると指摘していることであろう。実際に旧社会主義圏の多数の哲学研究者はもとより資本主義諸国の少なからぬマルクス主義的な哲学研究者たちは、「科学の発展と社会的な実践の本質的な諸成果を哲学的に分析し一般化して、それらの普遍的な法則性を改めて確認し、せいぜいのところ、これらの法則性が働いているいくつかの現象形態を示す」ことをおこなってきたのである。したがって、この哲学も職業哲学研究者たちの利害に結びつき彼らの役に立ってきたのではないかというわけであるが、何故この哲学が存続してきたのかということの説明としてなかなか面白い議論であることはたしかであろう。しかし、改めていうまでもなく、問題は本当に哲学が必要であった人々のところではどうであったのかということである。著者の考えでは、あの哲学は彼らの現実的を経験とのあいだの相互作用を確保することができず、彼らが直面していた無数の新しい問題を解決するうえでは少しも役に立っていなかったのである。この問題を著者のコージングが立ちってどのように論じていたかはすでにみてきたが、要するに、この哲学は、若きマルクスが使っていた用語を利用するならば、時代の精神的精髄として働き時代を生きる人々とのあいだの生き生きとした相互作用を確保することなどはまったく望めなかったというわけである。彼の考えでは、この哲学がそのような資格を獲得するためには、何よりも先ず哲学の最高の対象としての人間をその関心の中心に据えていなければならなかったのであるが、しかしこの哲学は肝心要の人間をその関心の外に追放してしまっていたのである。

では、本来のマルクス主義の哲学ではありえなかったとすれば、エンゲルス起源のこの哲学はいったい何であったとみなさなければならないのであろうか。ここでの引用した文章が重要なのは、まさにこの問いにたいしてコージングが明確な解答を与えていたからなのである。もう一度引用すべきであろう。この哲学においてはその内容が「世界全体にかんする見解」とみなされているので、「非歴史的に把握された『存在論』、すなわちまだほとんど知られていない――実践的・理論的にわがものにされていないので――世界についての知識をもっと称する『存在論』」にほかならないとみなさなければならない。エンゲルスは、すでにみてきたように、哲学も含めてあらゆる理論的思考が時代の産物、歴史的所産であることを強調し、ヘーゲルにいたるまでの旧自然哲学を超えようと努めていた。しかしその努力の成果として残された「自然の弁証法」を今日の時点から振り返ってみて、はたしてどれほど旧自然哲学から離れていたとみなされうるのか。そしてさらに、問題は、エンゲルスや彼にしたがってマルクス主義哲学は自然、社会および思考の、つまりはあらゆる存在の普遍的諸法則にかんする科学であると考えてきた人々がこの科学が「世界全体にかんする見解」にほかならないとみなしてきたということであり、その結果、この哲学がカント以前の形而上学や新旧の存在論に類似したものに、つまりは非歴史的に把握された存在論にならざるをえなかったということである。こうなれば、本来は社会変革を目指す哲学として時代に深く関わり合うはずの哲学が、少しも積極的な役割を果たせないだけではなく、まったく機能不全に陥りただの飾り物になってしまわざるをえないであろう。今日からマルクス主義の歴史を振り返ってみるならば、半世紀近くも前に書かれたコージングの批判がきわめて的確なものであったことは明らかであるように思われる。

ところで、エンゲルスは「人間による自然の変更」の意義を強調し、「人間が自然を変化させることを習得してきたその程度に応じて、人間の知能はそれに比例して成長してきた」ことを指摘していた。だが、もしもその通りであるとすれば、人間の自然についての知識、それらの知識にもとづく自然の概念は当然、この自然に関わりこの自然を変化させてきた人間と関連させて考えなければならないことになるであろう。問題は、ここでみてきたように、エンゲルスは哲学を考えるさいにその対象を狭く限りそのもっとも重要な対象、すなわち人間を排除してしまっていたということである。その結果、自然に関わりこの自然を変革する人間の概念排除され、その結果としてさらに自然の概念がどうしても古い自然哲学や伝統的存在論に近づかざるをえなかったのだとみなしてもよいであろう。こうした観点からエンゲルスの「弁証法」を批判し、コージングの議論をさらに一歩深めていたのは、同国の哲学研究者ヘルムート・ザイデルであった。彼は一九六六年に新編集版『ドイツ・イデオロギー』の前置きとして「現実に対する人間の実践的関係と理論的関係について」というタイトルの大きめの論文を発表したが、この論文の中で旧来のマルクス主義、したがってつまりは新旧のスターリン主義を批判し、それに変わって人間と彼の実践を中心に据えた新たなマルクス主義の構想を提起していた。当然のことながらこの論文は蜂の巣を突っついたように多くの人々の反発を呼び起こし、旧東ドイツで激しい論争が展開されることになった。この顚末については、大事な論文はすべて翻訳紹介されているので、そちらを参照していただくことにしてさしあたってここでは、このザイデルがコージングの議論をどのように深めていたのかということに焦点をあてて、検討をくわえるだけに留めておかなければならない。

ザイデルもまた旧来のマルクス主義哲学は、エンゲルスの「弁証法」の定義を採用してきたために、何よりも先ず哲学として根本的な欠陥を備えざるをえず、したがってまた哲学としての基本的な機能を果たすこともできなかったと考えていた。この批判はよく考えぬかれていて優れているので、多少長めであるがここで引用しておきたい。彼は次のように述べていた。

「人間の自然的および社会的環境にたいする実践的・活動的なふるまいが不十分にしか反映されず、反対に、現実にたいする理論的関係が過度に強調されている。これまでの叙述における主要な力点は存在しているところのもの説明［die Erklärung dessen, was ist］に置かれているが、実践的変革の理論的基礎づけ、行動への手引きという点が強調されていない。世界の変革こそが眼目である哲学にとっては、世界のあまねき合法則性――その認識は歴史的に条件付けられ相対的である——示すだけでは、十分ではありえない。哲学は、人間の行動の意味［Sinn des menschlichen Handelns］を基礎づけなければならない。しかし、人間の行動の意義は、超越的なものからくるものでもなければ、論理的、数学的もしくは自然の諸法則のうちに見出されうるわけでもない。人間の行動の意味は、それが絶えず新たに定立されるものである限り、ただ人間の文化の物質的および精神的な諸々の創造のうちにのみ見出される。実際に『知恵の最後の結論はこうだ、生活にも自由にもそれに値する者は、それらを日々に獲得して止まぬ者だけだ。』」(Helmut Zeidel : Vom praktischen und theoretischen Verhältnis der Menschen zur Wirklichkeit. In : Deutsche Zeitschrift für Philosophie. Heft9/1966, S. 1179. 前掲『現代のマルクス主義哲学論争』八三ページ)

ここで注意すべきは、当時支配的であったマルクス主義、すなわち新旧のスターリン主義にたいしてザイデルが、この哲学では現実にたいする人間の理論的な関係が過度の強調され、またこの現実を説明することにアクセントが置かれてきたことを批判していることであろう。エンゲルスに従って、マルクス主義哲学とは自然、社会および思考の普遍的な諸法則にかんする理論としての「弁証法」にほかならないと考えてきた人々はすべて、その哲学の定義によってそれらの存在と理論的に関わることを優先させることになり、それらの存在の諸法則を解明することを主要な課題として設定することになる。実際にマルクス主義哲学の歴史を振り返ってみても、この哲学の信奉者たちは存在の普遍的な諸法則を明らかにしエンゲルスの「弁証法」を発展させることに専念してきたので、このザイデルの批判は正当なものだとみなすことができるのであるが、またそのような課題に熱中している人々がどのような種類のものであれ人間の行動に方向付けを提供することを主要な課題とすることもないということになる。したがってまた、この哲学が「実践的な変革の理論的基礎付け、行動への手引き」が強調されていないというザイデルの批判も正当だということになるであろう。

このザイデルの批判は、コージングの批判と同じで、そもそもエンゲルスの「弁証法」起源の哲学的構想は世界の革命的な変革を目指していたはずのマルクス主義の構想としては、根本的に間違っていたということであるが、それでは、この哲学のどこにどのようなが問題があったみなすべきなのであろうか。この問いにたいして、すでにみてきたように、コージングはまさに哲学の最高の対象である人間が絞め出されていた、したがって実践的変革の方向付け、人間の行動の意味などを論ずることができなかったのだと批判していた。ザイデルもまたそうした方向で考えていて、本来マルクス主義のセンターにおかれていてしかるべきであった人間と彼の実践の概念が排除されていたために、そもそも実践的変革の方向付けを提供したりそうした行動の意味を考えたりすることができなかったのだみなしている。そこで、ザイデルは古いマルクス主義の諸欠陥を除去し、それが取り組むことができなかった諸課題を改めて設定しマルクス主義を本格的に発展させるために、人間の実践の概念をマルクス主義の出発点および中心点に導入することを提案している。哲学史を顧みながら彼は次のように主張している。

「実体でも自己意識でもなくマルクスにとっての出発点は人間の感性的・対象的活動、労働、社会的実践である。実践というカテゴリーは、多くの場合そう解釈されているように、たんに史的唯物論の中心点に存立しているだけではない。それがまさにそこに存立しているが故に、このカテゴリーはマルクス主義哲学の中心カテゴリーなのである。」(ibid., S. 1182. 同前、八九ページ)

人間の社会的実践の方向付けにせよ彼の行動の意味にせよ、それらのものに重みがあたえられ十分に論じられるためには、人間の実践、彼の行動の概念が哲学の体系のなかに、それもまさにその中心に導入されていなければならない。そうしたことが可能になるためには、エンゲルスの「弁証法」に由来するあらゆる存在の普遍的諸法則にかんする理論としてマルクス主義哲学という構想が否定されていなければならない。ザイデルが今やそうした方向に歩み出て、マルクス主義哲学の中心に人間と彼の実践を据えなければならないと説いていることは明らかである。だが、ここまで進んでくればさらに次のような問題が提起されうるであろう。すなわち、実践の概念をその中心点に導入すれば、それだけで社会的実践の方向付けや行動の意味を考えることが十分に可能になるのであろうか。この問いにたいする答えは、やはり否でなければならないであろう。なぜならば、人間の実践の概念を導入しながらこの実践についての実証的知識だけでやっていけるかのような考えるとすれば――こうしたことは、新旧のスターリン主義の哲学的基礎であった弁証法的唯物論を超克しようとして構想されてきた実践的唯物論の名の下に頻繁におこなわれてきた――、結局のところ、社会的実践の方向付けの問題や人間の生活の意味の問題などは依然として未解答にままで放って置かれることになるからである。それでは、この限界を超えて人間の行動の意味などを論ずることができるようになるためには、さらに何が必要なのであろうか。この問題にたいしてザイデルは「イデオロギー」について論じながら簡潔かつ明確にそれなりに適切な解答を与えていた。

彼はイデオロギーと間違った意識［falsches Bebußtsein］を同一視するのは適切ではないことを指摘した後で、科学かイデオロギーかという知識社会学によって設定された問いが似非二者択一であったことなどを論じつつ、「イデオロギーの領域は理論的・科学的洞察を実践的行動と結びつける構成要素［eine Komponente］である」という見解を提起し、当面の問題にとって重要な主張を次のように書き記している。

「マルクス主義哲学にとってはたんに存在するところのものの客観的な認識だけが問題なのではなく同時に普遍的な社会的な目的および目標の設定、意味付与、社会主義社会の諸利害の精神的表現も問題であるということがすでに前に語られたとすれば、まさに哲学のイデオロギー的機能をいっそう強く強調することこそが大事なことである。」(ibid., S. 1191. 同前、一〇七ページ)

「人間による世界の理論的獲得の最高の形態としての科学は、存在しているところのものの適切な認識を目指す。産業、すなわち実践的獲得の表現は、人間の諸利害に応じて自然質料を変化させることを目指す。イデオロギー、すなわち精神的・実践的獲得の形態は諸個人の諸利害を精神的に表現することを目指す。人間たちの諸々の動機、目的および目標設定、意志決定、参加を規定する社会的・歴史的に決定された諸利害は、これらのものが人間たちの諸々の行為、諸々の生活にたいしてどのような意味をあたえるかという問題で決定的なものである。」(ibid., S. 1191. 同前、一〇七〜八ページ)

ここにザイデルがどこまで議論を進めていたかがよく示されている。先にみてきたように彼は、これまでのマルクス主義哲学、エンゲルスの「弁証法」に由来するマルクス主義哲学は存在するところのものの説明に重みを与えてきて、革命の哲学の看板を掲げながらその実践的変革を理論的に基礎づけたりその行動に方向付けを与えたりすることには力を入れてこなかったとみなしていた。そしてマルクス主義哲学がその看板に見合う哲学になりうるためには、何よりも先ず、改めて人間と彼の実践をその出発点および中心点に導入しなければならないと考えていたのであるが、こうした方向に向うことが古いマルクス主義を超えて本来のマルクス主義に移行するうえでの決定的な条件の一つであったことは疑いの余地はない。しかし、マルクス主義の歴史を振り返ってみると、この条件はあくまでも必要条件であって、この条件の重要性に気づきこの条件を満たすようなマルクス主義を構想してきた人々がすべて古いマルクス主義を超え出たわけではなかったことがわかる。少なからぬ人々が、『ドイツ・イデオロギー』における、これまでの哲学に変わって「現実的な、実証的な科学、すなわち人間の実践的活動、実践的発展過程の叙述」が始まるという有名な文章などをまさに文字通りに受け止めて、実践の概念を強調しながらスターリン主義的な実証主義の虜になっていたのである。そして、たしかにザイデルもまたこの文章を引用し、まさにここからマルクス主義哲学が始まったかのような議論を進めているので、ほかの人々と同様の道を辿っていたのかのようにみえるのであるが、しかしここで引用した彼の文章などを読めば、そうした印象が間違っていたことがわかる。ザイデルの考えでは、人々の諸利害の精神的表現にほかならない「イデオロギー」の領域は、人間の社会的生活において科学的知識の領域と相互に条件付け合っているが、しかしこの領域に還元することができない次元の異なる領域であって、それによってはじめて社会的な実践活動に方向付けが与えられたり、社会的行為に意味が付与されたりするのである。したがって、マルクス主義哲学がその看板どおりに革命の哲学であるべきであるとすれば、客観的な科学的知識だけではなくまさにこの領域が、「哲学のイデオロギー的機能」が大いに強調されなければならないのである。

ここからザイデルが、同じように実践概念の意義を認めながら、たんにこの概念を強調してきただけで結局はスターリン主義の陣営に止まってしまっていた人々にたいして、どれほど優れていて先まで進んでいたかがよく示されている。おそらくザイデルが当時のインターナショナルなスターリン主義批判のレヴェルにまで到達していたと評価してもけっして過大評価にはならないであろう。たしかに彼も、彼自身が提案している方向、「哲学のイデオロギー的機能をいっそう強く強調」するという課題を課題として提起しただけですでにそれを実現し展開してみせたわけではない。したがって、彼もまた最終的な評価が可能になるところまで進んでいたわけではないが、しかし、彼がともかくもマルクス主義を革新しそれを時代の高みに引き上げるための活路は提示するところまでは到達していたとみなすことはできるであろう。

先のコージングと同様にザイデルがどれほどエンゲルスの「弁証法」起源の哲学からから遠く隔たったところにまで到達していたかをみてきたのであるが、そこまで進んだところで彼は、結局のところエンゲルスの「弁証法」をどのようにみていたのか。

このエンゲルスの「弁証法」は、彼の晩年の哲学的諸著作を利用してマルクス主義哲学の体系をつくることに努めてきた人々によってその基礎的部分としての弁証法的唯物論の一部分をなすものとされ、この部分は、弁証法的唯物論を社会に適用したものとされていた史的唯物論のまえに叙述されることにされてきた。ザイデルの考えでは、このようなエンゲルスから始まったマルクス主義哲学の体系の理解の仕方から、弁証法を含む弁証法的唯物論の特徴が規定されてきたのである。ザイデルは次のように説明している。

「人間社会へのその拡張のまえに叙述されるので、弁証法的唯物論は首尾一貫させて自己を自然に制限しなければならない。これによって条件付けられた弁証法的唯物論が自然哲学的性格を帯びているという印象は、ここで諸対象がほとんどもっぱら客体の形式のもとに、観想的に［unter der Form des Objekts, kontemplativ, gefaßt werden］に把握されるということによって、なおいっそう強化される。実践、あらゆる認識の、それゆえにまた普遍的な自然諸法則の認識の前提である実践は、――この実践はまさに初めて史的唯物論のなかで議論されるので――考察の外に放っておかれる。これによって引き起こされる存在論化［Ontologisierung］は唯物論をマルクス主義以前の水準に連れ戻す。」（ibid., S. 1179. 同前、八四ページ）

もともとエンゲルスは自然の弁証法に熱中していたので、彼の「弁証法」はどうしても伝統的な自然哲学に、すなわちエンゲルスがあれほど否定的にみていた歴史的な遺物に接近せざるをえないところがあった。そのうえに、彼が構想していた哲学体系ではこの自然が論じられるのは社会の歴史的発展が論じられる前であったので、つまりは実践概念が本格的に論じられる手前のところでということになっていたので、その傾向がいっそう強められることになり、弁証法的唯物論が「存在論化」されることになっていたのではないかというわけである。

先にみてきたようにコージングもマルクス主義哲学の存在論化について語っていたのであるが、そこでの「存在論」は「非歴史的に把握された『存在論』、すなわちまだほとんど知られていない――実践的・理論的にわがものにされていないので――世界についての知識をもつと称する『存在論』」ということでともかくも納得できるものであった。このような「存在論」にマルクス主義哲学が変質してしまうのは、コージングの考えでは、この哲学の内容が「世界全体」にかんする見解とみなされることによってであった。ザイデルもまたマルクス主義哲学の存在論化が始まるのは直接的には、この哲学にそうした世界全体の把握が要求されるところからだと考えていたとみなすことができる。

彼は、人間の実践を強調することで結局「自然の弁証法」を否定することになるような方向を辿っているのではないかという彼に対する批判に応えながら次のように論じている。

「私が問題にしたのは、実践的・社会的過程に不可欠に契機として自然認識がこの過程によって推し進められるということの証明であった。またそれとともにわれわれの認識成果の客観性は主に人間の実践的生活過程を基礎とし、それを基準としているということであった。私は、実践的過程から客観的認識の可能性と必然性を導き出すことがもっとも重要であると思う。……歴史的な認識過程の成果は、われわれの科学的世界像のうちに明らかになるような客観的真理の（もちろん、けっして絶対的ではない）体系である。マルクス主義哲学は、自然認識と社会認識の発展の成果を総括し、個別諸科学の諸々の成果にもとづいて自然、社会、思考の普遍的な諸法則を定式化し、それらの法則にもとづいて仮説を提起し、方法的な主題を発展させてきた。ヘルツベルク［ザイデルの批判者の一人］は『自然の総体』を把握せよと要求しているが、しかし、マルクス主義哲学はそのような要求をけっして満たそうとはしてこなかった。なぜなら、マルクス主義哲学者は、そのようなことをすれば必然的に自然哲学に、すなわち絶対的な『自然の体系』に引き戻されることを知っていたからである。」（Helmut Seidel : Praxis und Marxitische Philosophie. In : Deutsche Zeitschrift für Philosophie. Heft12/1967, S. 1479.）

ザイデルがどのように自然の弁証法を擁護していたか、そしてまたどのようにその弁証法が自然哲学へと変質することになると考えていたのかを興味深く説明している。ここからザイデルもまた存在論化がどこから始まるかという問題でコージングと同様の見解に、つまり自然の、世界の全体あるいは総体の把握という要求から始まるのではないかという見解に到達していたことがわかる。しかし、ここまで来ればさらに、どうしてそうした法外な要求が提起されるのかが問われざるをえないであろう。すでにこれまでにみてきたところから明らかなように、この問いにたいする解答は、マルクスの意味での実践概念が適切に理解されず、またそれにもとづいて自然概念の把握も適切におこなわれていないからということになるであろう。もしも適切な自然概念が形成されていれば、「自然の総体」の把握への要求も消えて、自然の弁証法の自然哲学化、マルクス主義哲学の存在論化も止むであろうというわけである。では、そのような自然概念とはどのようなものでなければならないのであろうか。ザイデルは次のように説明している。

「もしも自然が人間にとって実践的ならびに理論的に対象になるものであるとすれば、人間の外部に存在する自然が前提されていなければならない。…しかしながら、意識および自己意識をもった存在なしには、したがって、『たんなる自然』の産物ではないところの人間が存在しないならば、けっして自然を概念的に把握できないし、いかなる自然概念も存在しないであろう。そして、人間がつくりあげる自然の概念は、人間が自分自身について、また自然にたいする人間の関係についてつくりあげる概念に左右される。…人間と自然とのあいだの諸々の媒介の総体が概念的に把握されて――このことは実践の概念的把握なしには不可能である――初めて人間と自然の具体的な概念が形成されるのである。」(ibid. S. 1481.)

ザイデルの議論は明瞭であろう。要するに、彼がマルクス主義の出発点でもあれば中心点でもあると考えた人間の実践を概念的に把握することによって初めて人間の概念と同様に自然の概念も適切に把握されるはずで、そうなればおのずから存在論化の危険も回避することができるはずだ、というわけである。かつて若きマルクスは、近代哲学史を総括しながらスピノザの実体を「人間から分離されて形而上学的に戯画化された自然」と呼び、フィヒテの自我を「自然から分離されて形而上学的に戯画化された精神」と呼んで、それらの両者をヘーゲルが精神の活動において媒介させようと試みたのだと論じたことがある (K. Marx/F. Engels : Die Heilige Familie. In : K. Marx/F. Engels Werke. Bd. 2, S. 147. Diez 1976)。そうしたマルクスの議論を思い起こしつつザイデルは、ひとたび人間と彼の実践から切り離された自然について語り始めるや否や人は結局のところ「人間から分離されて形而上学的に戯画化された自然」に、つまりはスピノザ主義的実体に立ち戻ることになり、自然の総体について、世界の全体について語ることになるのではないかと考えていたとみなしてもよいであろう。これは、エンゲルスの「弁証法」起源の哲学の継承者たちが何故「非歴史的に把握された『存在論』」に、「唯物論の存在論化」に辿り着かざるをえなかったのかについての説得力のある妥当な説明であるとみなしてもよいのではないかと思われる。

さて、マルクス主義哲学の信奉者たちが何故ある種の存在論に自分を結びつけたりすることになるのかということについては、ある程度納得できたとしてもエンゲルスの「弁証法」にたいする批判が以上に止まってしまってもよいのであろうか。思い起こすべきは、エンゲルスの晩年の哲学的諸著作や彼の継承者たちの諸著作を読んで、自分たちがあたかも世界全体についての理論が入手できたかのような幻想を抱くにいたった人々がけっして少なくはなかったのではないかということである。実際に、それらの文献を読んで強い影響を受けたかつてのスターリン主義の信奉者が、後年自分の経験について次のような興味深い報告を残している。

「これらの文献に含まれているイデオロギーこそ、人類と世界の発展の諸法則を正しく認識し、それらに精通しているという自信を、ほとんど何も知らない人間に与える。まさに何も知らない、知識にあこがれている人間が、そのような信条をたやすく受け入れる。この信条は効果の点では理論的認識に等しいからである。信ずる者の内的世界は変わる。彼はすぐに方角を見定めることができる。…狭い観点の暗がりの中で手探りしている外の無教育の者にたいして、彼は一段と優越を感じる。彼は何も知らないのに、何でも科学的に知っているのだ。」（ムリナーシ『夜寒―プラハの春の悲劇』、相沢久、三浦健次訳、新地書房、三〜四ページ）

二十世紀の社会主義運動の歴史を振り返ってみると、無数の事例が、こうした人々が不信心者にたいして十字軍を編成しどのような恐るべき結果を引き起こしてきたかを教えてくれている。そうした狂信にエンゲルス起源の哲学がイデオロギー的基礎を提供してきたことは間違いないであろう。コージングやザイデルがマルクス主義哲学の「存在論化」について語ったときに、こうした危険性に少しも注意を向けていなかったのは、やはり批判として不十分であったということになるのではないか。

さて、以上で、旧東ドイツの、今ではほとんど忘れ去られてしまった体制派の優れた哲学研究者たちの、エンゲルスの「弁証法」の批判に通ずるスターリン主義批判をみてきたのであるが、彼らの批判がエンゲルスのもっとも本質的な欠陥を突いていたことは認めざるをえない。しかし彼らの批判は十分なものではなくエンゲルスの弁証法にはその他にもさまざまな基本的な諸問題が存在し、それらの問題を批判的に検討することは、マルクス主義哲学の発展のための不可欠の課題として課せられているといってもよいであろう。

附記

　ここで取り上げた旧東ドイツの哲学者たちについて一言。旧東ドイツでは一九六八年夏までは彼らの議論もかなりの程度まで許容されていて、ソ連製のマルクス主義哲学とはかなり異質なマルクス主義哲学の教科書を出すこともできた。しかし隣国チェコスロヴァキアの社会主義改革運動「プラハの春」が戦車で押し潰されてしまった後に、再びソ連製の新スターリン主義的マルクス主義を押し付けられ、彼らの教科書も廃版にされてしまう。これ以後旧東ドイツでは、看板の「新しい社会主義」が実現されるどころか、ソ連の支配下で経済的な非能率と貧困が再生産され、共産主義政党の独裁に苦しめられ、シュタージュとその協力者におびえる監獄社会が維持され続け、人々は「ベルリンの壁」の崩壊に向ってひたすら押し流されて行く。

Ⅲ　マルクスの哲学の再生に向かって

六　マルクスの哲学の再生に向かって

まえがき

一九八九年来の東欧とソ連の文字通りの激変は誰もの予想を越えていた。いずれはと考えていたものも、あのような規模の変化があれほど急速に生じるとは夢にも思っていなかったにちがいない。ロシア革命から始まった社会主義運動の一つの時代が終わったのだという声はもう随分以前から機会あるごとにあげられてきた。とりわけ「プラハの春」が戦車によって弾圧されてからはその声が一段と大きくなってきたが、しかしそうした声はそれに同調しない人々の大合唱によってとかく掻き消されがちであった。だが、不安を押えながらこのこの合唱に加わっていたものも、東欧諸国などでレーニン像が次々と倒され取り除かれるのをニュースで見ながら、否でも確認せざるをえなかったのは、引き延ばされてきたその時代がいよいよ最後を迎えたということである。そして、さらに九一年の夏の三日天下に終わったクーデターの後のソ連において共産党が迎えた、そしてその後ソ連そのものが迎えた結末は、一時代の終焉を誰の目にも疑いの余地のない仕方ではっきりと示してみせてくれたのである。

周知のように、内的にも外的にもその生命を終えたこの社会主義運動と結び付きそのイデオロギーとしての機能を果たしてきた公認の哲学は「マルクス・レーニン主義哲学」あるいは「マルクス主義哲学」と名付けられてきたが、その基本構想が仕上げられ流布させられたのがスターリン時代であったことから正当にも「スターリン主義哲学」とも呼ばれてきた。一九三〇年代の初めにその批判者たちを抹殺しつつ共産党権力によって支配的地位にまで高められ、スターリンの権威失墜後は多少変形されて存続させられてきたこの哲学も、今や旧ソ連と東欧諸国ではその終局を迎えたようである。この終局は、いわば脇へ押し退けられるという仕方で起きているが、しかし、とりわけ東欧諸国にはこの哲学を批判的に克服しようと努めた批判的マルクス主義者の長期にわたる経験がある。日本ではスターリン主義は特に知識人にたいしてきわめて大きな影響を及ぼしてきたが、さほどの批判も加えられることなく今日にいたるまで存続させられてきている。したがって、今日もなお東欧の批判的マルクス主義者たちの、とりわけ旧ユーゴスラヴィアの『プラシクス』派の経験から学ばなければならないことが決して少なくはないように思われる。そこで、以下、彼らがスターリン主義哲学をどのように批判してきたのか、そしてそれに代わるものとしてどのようなマルクス主義哲学を提起してきたのかを簡単に顧みておきたいと思う。(1)

（一）新旧スターリン主義哲学

マルクス主義哲学の歴史におけるスターリン主義の時代が始まったのは一九三〇年代の初めであったが、それがどのようにして為されたかは、有名なマルクス研究者リャザーノフの例によって象徴的に示されていた。彼は「私はボリシェヴィキではない、私はメンシェヴィキでもないし、レーニン主義者でもない。私はただマルクス主義者であり、そしてマルクス主義者として私は共産主義者である」と主張していたとされ、その結果彼がどのような運命を迎えるに至ったかについては次のよう伝えられている。「最近の事件は、彼が反革命的メンシェヴィキ的組織を直接に援助するまでに転落し、そのために党から除名されたことを示した。[2]」このリャザーノフは、「マルクス主義のレーニン的段階」というスターリン主義の錦の御旗を認めることができず、その結果「反革命」のレッテルを貼られて収容所群島に追いやられ、やがて地上から抹殺されて行ったのである。

このケースに示されているように、スターリン主義は理論外的な力に頼りつつ荒っぽいやり方で支配の座につけられたのであるが、その哲学上のバイブルになったのが、一九三八年に出版された公認のソ連共産党史の一章として書かれた『弁証法的唯物論と史的唯物論について』であった。今日では忘れられてしまっているが、この論文には「マルクス主義の弁証法の比類なき大家によって書かれ、ボリシェヴィズムの巨大な経験を一般化したものであり、弁証法的唯物論を新しい高度な段階に引き上げ、マルクス・レーニン主義哲学思想の最高峰を示すものである」(3)などと最大限の賛辞が捧げられてきた。そして、この「マルクス・レーニン主義哲学思想の最高峰」が第二次世界大戦後東欧諸国や中国などの社会主義諸国にまさにそのようなものとして輸出され広められたが、さらにそれが資本主義諸国の社会主義者たちのところでも誉め称えられ広く流布させられたことはよく知られている。参考までに日本での一例を挙げるならば、スターリンの死の一年前に著名なマルクス主義哲学者によって編集されたソ連哲学にかんする著作のなかで、この論文が「マルクス・レーニン主義哲学の発展において劃時代的な、全世界史的な意義をもった、大きな一般的な力のある著作」(4)であると絶賛されていただけではなく、さらにはつぎのようにさえ特徴づけられていたのである。

「マルクス主義史上はじめて、スターリンは共産主義の理論的基礎になっているマルクス主義哲学のすべての構成部分——弁証法的方法、哲学的唯物論、史的唯物論——を体系的に述べたのである。(5)」

スターリンがどれはどの高みにまで押し上げられていたかが興味深く示されているが、ちなみに日本では同じ哲学者たちによるこうしたスターリン礼讃が一九五六年にいたるまで気前よく行われていた。[6] 日本のマルクス主義者たちはスターリンの哲学をまさに両手を広げて大歓迎し全力を上げて宣伝に努めてきたのである。

こうした例に示されているように、スターリンの哲学は広範に普及させられ一世を風靡したのであるが、それが深刻な危機を迎えたのは、一九五六年に彼が後継者たちによって公然と批判されたことによってであった。まことにおごれるものは久しからずで、スターリンの神話的権威は一夜にして失墜させられ、ソ連共産党のイデオロギー関係のリーダーによって、「スターリンを誉めるのに都合が良いように、彼の著作、論文、演説は『天才的』、『歴史的』等々として不当に賞賛された」ことが非難され、「マルクス・レーニン主義哲学思想の最高峰」と誉め讃えられてきた彼の哲学論文は次のような評価が与えられることになったのである。

「個人崇拝は哲学においても少なからぬ損害をもたらした。マルクス主義哲学の基礎を極端に図式的に叙述したところのスターリンの著作『弁証法的唯物論と史的唯物論について』は、科学的思考の頂点と考えられてきた。現実にはこの著作は、哲学者たちの科学的・教授的活動の貧困化をもたらしたにすぎなかった。[7]」

哲学思想の領域においていかにスターリンの権威が決定的に失墜したかがまことに興味深く示されているといってもよいであろう。本来のスターリン主義哲学はその生成と同様にその死も理論外の力によって暴力的にもたらされたのである。では、この死はマルクス主義哲学の真に新しい時代をひらいたのであろうか。

この問いにたいする解答はすでによく知られているのでここで詳しく立入る必要はないであろう。[8] 答えは否であったのであるが、その最大の問題点は先のスターリン哲学批判の文章の中にも示されていたのである。それによれば、たしかにスターリンは彼の哲学論文で「極端に図式的に叙述し」ていたとしても、ともかくも「マルクス主義哲学の基礎」を叙述していた、つまりは基本のところでは間違ってはいなかったのである。つまり、スターリン哲学にはさまざまな問題があったとしてもそのパラダイムそのものは正しかったというわけである。ここから出てくる結論がどのようなものであったかは改めていうまでもない。要するに、手直しが必要なのはパズル次元のみであって、基本的なパラダイムそのものはそのまま存続させなければならないということであるが、実際に、ソ連や東欧諸国の公認の哲学がその方向に発展させられて行ったことは、それらの諸国で出版された哲学教科書を見れば一目瞭然である。ソ連科学アカデミー哲学研究所によって一九五八年と一九七一年に出された教科書やそれらに倣って東ドイツで出版された教科書などは部分的に改良され新たな装いを与えられたスターリン主義哲学、すなわち新スターリン主義哲学と呼ばれるにふさわしいものでしかなかったのである。[9] この哲学は旧スターリン主義哲学に較べればその勢いが衰え始めていたとはいえ、ソ連やその他の諸国の共産党の哲学として哲学外の力によって広範に普及させられ、スターリンの権威失墜後のマルクス主義哲学の主要潮流を形成してきた。この哲学がどれほど理論外の力によって支えられてきたかは、一九六〇年代後半に旧東ドイツで出版された、新スターリン主義哲学の一変種である実践的唯物論にもとづいた哲学教科書がチェコスロヴァキア侵略事件から暫くして廃刊にされたこと——この教科書の哲学はマルクスの疎外論にたいする態度では本来の新スターリン主義に完全に同調していたにもかかわらず——を思い起こすだけでも十分に伺い知られるであろう。[10]

さて、現在、この新スターリン主義哲学がどのような運命を迎えるにいたっているかは改めて指摘するまでもないであろう。最初に簡単に触れておいたように、ベルリンの壁の崩壊後の東欧諸国と旧ソ連における変化によって、それらの諸国ではこの哲学も、その土台そのものの消滅とともに終末を迎えたとみてもよい。それらの諸国でスターリン主義哲学が実際にどの程度克服されてきているのか、そして今日それにかわるものとしてどのような哲学が発展させられているかはともかくとしても、少なくともマルクス・レーニン主義党の公認の哲学として国家権力を媒介として維持させられてきた哲学がその終焉を迎えたことだけは確かである。

こうした最近の動向を見れば、こうなるまでマルクス主義者たちは哲学の領域で何もしてこなかったのであろうかと尋ねてみたくなるものもいるであろう。もちろん、よく知られていることでもあるが、この問いにたいする答えは否であり、こうなる前に、ちょうど東欧諸国でさまざまな仕方で反国権主義的な社会主義革新運動が展開されてきていたように、それらの諸国でスターリン主義哲学をマルクス主義的な方向で改革して行こうとした批判的マルクス主義者の努力が積み重ねられてきている。そして、それらの諸国で社会主義革新運動が弾圧されて実を結ばないでいるうちに国権主義社会主義が崩壊を遂げてしまったように、これまで絶えず抑圧されてきたそれらの批判的マルクス主義者たちの努力の成果が生かされることなく、スターリン主義哲学も単純に脇に片付けられようとしているようにみえる。

ところで、わが国では旧スターリン主義哲学にたいする批判がほとんど行われないうちに、今やその本家本元で脇に片付けられている新スターリン主義哲学が、その最初から旧スターリン主義哲学と同様に無批判的に輸入され流布させられてきて、マルクス主義者たちのあいだで多くの支持者を見出してきた。わが国では批判的マルクス主義がほとんど発展させられてこなかったこともあって、この哲学がこれまでに十分に批判されることもなく、ともかくも生延びてマルクス主義哲学を僭称し、本来のマルクス主義哲学の発展を妨げることだけには大いに貢献してきているといってもよいであろう。また、たしかにわが国でも遅れ馳せながら、新スターリン主義の一変種にほかならない東ドイツの実践的唯物論に類似した見解も提起されてきたが、しかしそれらの見解は内容的には、廃刊にされた教科書――それなりの新しさと首尾一貫性をもっていた――の水準にさえも到達していなかったように思われる。そこで、この機会に以下スターリン主義哲学の克服という問題で見事な模範を提供してきたといってもよい『プラクシス』派の哲学者たちの業績を顧み、彼らがどのようにスターリン主義哲学批判を展開し、どのように哲学的パラダイムの転換を図ってきたかを検討しておきたいと思う。(11)

(二) スターリンからマルクスへ

すでに今から二十年以上も前『プラクシス』派のより若い世代を代表する哲学者の一人スヴェトザル・ストヤノヴィチはつぎのように書いていた。

「アカデミックな哲学的テーマを論究するなかでマルクス主義の革新が、自らを社会主義と呼んでいる場所で他と比較にならないほどはるかに急速かつラディカルに起こっている。(12)」

こうした文章の正しさは、今日にいたるまでの東欧諸国の歴史が如実に示してきたといってもよいであろう。奇妙なことに、自由な西側社会ではスターリン主義の批判的克服という点では見るべき成果が少なかっただけではなく、むしろ、単純なものから洗練されたものにいたるまでさまざまであったが、スターリン主義が大いに流行ってきたように思われる。そうした本来のスターリン主義の重みがあまりにも大きすぎたためにマルクス主義の革新が育つ余地がほとんどなかったのではないかとさえ思われるのである。それにたいして、つい最近まで社会主義と呼ばれてきた諸国ではこの革新が非常にラディカルに押し進められ真に興味深い諸成果が産み出されてきた。今日でもあまりよく知られているとはいえないが、そうしたマルクス主義の変革運動において特に際立っていたのはユーゴスラヴィアの『プラクシス』派であった。

スターリン主義哲学からのパラダイム転換において『プラクシス』派が際立つことになった条件の一つは、一九四八年のユーゴスラヴィアとスターリンの衝突であったが、おかげでこの国の優れた哲学者たちはいちはやく、しかも決定的にスターリン主義の呪縛から解放されることになったのである。この点について衝突を実際に経験した哲学者の一人は次のように書いている。

「一九四八年という年は重大な転換点を意味していた。マルクス主義の第四番目の古典的リーダーとしてのスターリンのような圧倒的な権威が失墜したことによって、あらゆる問題にたいするはるかに自由な、はるかに自立的かつ批判的なアプローチのための地盤が造り出されたのである。[13]」

スターリンの神話的権威の失墜は、当然ただちに、彼がマルクス主義の古典家たち、とりわけその第一番目のマルクスの遺産の正統な継承者であることを否定することに結び付いて行く。そこで、ユーゴスラヴィアにおいても他の諸国に先んじてマルクス主義の革新は「マルクスへ帰れ」という旗のもとに進められてきたが、かなり早い時期に革新派の哲学者たちは、スターリンの正統性をはっきりと否認するような新たなパラダイムを共有するにいたっていた。そしてそのパラダイムにもとづいて彼らは、ソ連その他の諸国の圧倒的多数のマルクス主義哲学者たちが新スターリン主義に移行していた一九六〇年代の初めにそうした移行を原理的に不可能にするようなスターリン主義の哲学的パラダイムにたいする徹底的批判を展開していた。

まず最初にスターリンの正統性の問題についてみておくならば、彼らが到達した結論をガーヨ・ペトロヴィチはきわめて簡潔に、しかしまた実に興味深く次のように定式化している。

「スターリンはエンゲルスとレーニンの諸著作に含まれていた哲学的諸見解を単純化し、歪曲し、硬化させたのであり、マルクス自身の哲学上の遺産にいたってはこれをほとんどまったく無視したのである。(14)」

その結果、スターリン主義哲学は本来のマルクス主義哲学とは似ても似つかぬものに変わってしまったということになるが、こうした批判の仕方からもすでに明らかなように、スターリン主義哲学からの解放はマルクス自身の哲学の復権を通じてということにならざるをえない。この点についての彼らの共通の見解をペトロヴィチはつぎのように総括している。

「哲学におけるスターリン主義からの解放の過程は、たんにマルクス主義からスターリン主義的な付加物または『混合物』を除去するという問題でもエンゲルスあるいはレーニンの若干の『間違い』または『欠陥』を『訂正する』という問題でもなかった。解放が可能であったのは、ただマルクスのオリジナルな思想を復興し、いっそう発展させることによってだけであった。(15)」

ここにはユーゴスラヴィアの哲学者たちのスターリン主義との苦闘の跡も描き出されていて興味深いが、要するに、スターリン主義哲学の真の克服は中途半端なところに止まるのではなく、マルクスの哲学的パラダイムに移行することによってのみはじめて可能であったということである。では、このパラダイム転換のもとに具体的にはどのような内容が考えられていたのであろうか。

この問題について、後年『プラクシス』派の歴史を顧みながらこの学派のリーダー格の一人ミハイロ・マルコヴィチは、すでに一九五〇年代に、自分もそこに属していた「いかなる正統性信仰にもラディカルに反対した人々」のグループが形成されていたことを指摘しながら、次のようにのべている。

「この『反正統派的』定位は『弁証法的唯物論』を、せいぜい現存の科学的知識の一般化と体系化へと導くだけで、世界の自由化と人間化にむけて実践的エネルギーに方向をあたえる批判的時代意識の創造には寄与しない教条主義的な、本質的に保守的な定位として退けた。このような観点から見れば、基本的な哲学的問題は歴史的な人間的条件およびラディカルな普遍的解放の諸可能性にほかならないのである。(16)」

スターリン主義哲学が哲学を科学的知識獲得の理論と方法に還元する、したがって理想や規範の問題を排除する実証主義的傾向をもち、したがってまた現状にたいして無批判的で保守的にならざるをえなかったという批判は、『プラクシス』派の他のメンバーによっても共有されていたが、こうした観点からみるならば、問題のパラダイム転換は、一種の無批判的な実証主義から「歴史的な人間的条件およびラディカルな普遍的解放の諸可能性」に光をあてる哲学への、つまり人間の疎外の諸形態をあばき出しそれらの疎外の止揚の可能性を明らかにする哲学への、転換ということになる。重要な論点なので、念の為に、同様な見解をペトロヴィチがどのように表明しているかをみておいた方がよいであろう。彼は六〇年代の初めにいたるまでのユーゴスラヴィアのマルクス主義革新運動を総括しつつ次のように語っている。

「ユーゴスラヴィアの戦後の哲学の発展の基本的成果の一つは、マルクス主義哲学のスターリン主義的解釈から抽象物として締め出されていた人間こそが本来のマルクス主義哲学の中心に存在しているということを発見したことである。マルクスの哲学における第一義的関心事は、物質や精神の定義などではなく、人間の解放であり、『将軍と銀行家とかは大きな役割を演じているが、人間それ自体はきわめてみすぼらしい役割を演じている』ような世界の革命的変革にあったのである。(17)」

ここで問題がいっそう分かりやすく表明されているとみなしてもよいであろう。この文章のなかで引用されている文章が『資本論』からのものであり、そこで表明されている思想がマルクスの初期以来の疎外概念であることは、あらためて論ずるまでもない。したがって、表現上、それからおそらく内容上も、多少の相違があったとしても二人とも基本的には同一の思想を主張しているのである。

さて、以上から、『プラクシス』派におけるスターリン主義からマルクスのオリジナルな思想へというパラダイム転換のもっとも本質的な内容は、要するに、マルクスの疎外論を受容できずそれを排斥してきた無批判的な実証主義的傾向をもったマルクス主義の特殊な一形態から、マルクスの疎外論を中心に据えたマルクス主義への転換であったといってもよいであろう。彼らはマルクスの疎外概念をそれなくしてマルクス主義がもはやマルクス主義ではなくなってしまわざるをえないほどの重みをもっているものとして受け入れたのである。次のミラディン・ジボティチの文章はこの学派の共通の見解を簡潔に表明したものとみなしてもよいであろう。

「マルクス主義哲学は全体として包括的な疎外の理論である。すなわち、現在の世界の人間の不適切な対象化にたいする批判である。もしマルクス主義がこのように把えられないとすれば、それはマルクス主義であることを止めてしまうであろう。」(18)

こうして、『プラクシス』派からみて「マルクスにとっての中心的問題は、いかにしてよりいっそう人間的な世界を産み出すことによって人間の本性を実現すべきかということであった」ということになり、既に先の引用文からも知られるように、哲学の基本的課題は、何よりもまず疎外の諸現象を批判的に分析し、その止揚の実践的道程を明らかにすることにあるということになる。実際に『プラクシス』派の哲学者たちはこの課題に本格的に取り組み重要な諸成果を上げてきたのであるが、そしてこの点については次節でその一端をみることになるが、しかしその問題の検討に入る前に以上との関連で特に注目に値いすると思われる点についてだけ簡単に補足しておきたい。

しばしば見過ごされがちであるが、忘れてはならないのは、以上で見てきたような哲学的パラダイムの転換がそもそも、従来のスターリン主義的イデオロギーに特徴的であった権威主義的性格の払拭を前提にしてはじめて可能になったということである。この点で決定的な役割を果したのが一九四八年の事件であったことはすでに指摘してきたが、後年この事件を回顧しつつマルコヴッチはその解放的影響がどこまで及んだかについて次のように書いている。

「さらに、第四番目の古典家の失墜は、当然、先行する三人の古典家にたいする反響なしは生じえなかった――もはや彼らのテキストはただもっぱら解釈され、注解され新しいデータによって確証されるべき真理とはみなされず、むしろ今後の探究のための多かれ少なかれ実り豊かなガイドラインとみなされるようになった。(19)」

その他の諸国でスターリンの神話的権威が著しく高められていた時期においてこうした変化が進行していたということは、それ自体としても興味深いが、差当たって大事なことは、こうした変化を背景にして初めて先に見てきたような哲学的パラダイムの転換が生じたということである。したがって、「スターリンからマルクスへ」はスターリン主義的教条主義から新たなマルクス主義的教条主義への転換などではなく、「今後の探究のための多かれ少なかれ実り豊かなガイドライン」の創造者としてのマルクスの思想への転換にほかならなかった。この思想は、何よりも先ず神聖不可侵なものとして防御されるべきものなどではなく、そこにおいて現代においてもなお生きていて革命的であるもの発展させなければならない古典的遺産とみなされたのである。

以上でユーゴスラヴィアの批判的マルクス主義者たちによってスターリン主義哲学からのパラダイム転換がいかに行われてきたかを見てきたのであるが、これがまさにマルクス主義哲学における文字通りの革命にほかならなかったことは改めていうまでもない。こうした転換が彼らのところで一九五〇年代に生じ、他の諸国の圧倒的多数のマルクス主義者たちが新スターリン主義への移行を急いでいた六〇年代の初めにははやくも彼らは新たな哲学的パラダイムを明確に表現するとともに、それに基づいてスターリン主義にたいして壊滅的な批判を展開していたのである。彼らのこの業績を生前エーリヒ・フロムが特筆されるべき功績として誉め称えていたが[20]、当時はそれに同意する声はけっして多くなかった。まことに先見の明があったといわなければならないであろう。今日では心ある者ならば誰しもフロムの評価に同意せざるをえないように思われる。

因みに、ここでわが国のマルクス主義哲学について触れておくならば、既に指摘しておいたように、旧スターリン主義の影響が非常に大きかったためにスターリン批判後大部分のマルクス主義者はなしくずし的に新スターリン主義に移行した。その結果、彼らのところでは本来のマルクス主義へのパラダイム転換はそもそも問題にもならなかった。それどころか、当然のことながら、この転換を阻止し、彼らにとっては異質なパラダイムを否認するために大変な努力が払われてきたのである。こうしたわが国のスターリン主義運動においてソ連の典型的な新スターリン主義者のマルクス解釈などが利用されてきたが、さらに注意すべきはこの運動に、フランスから輸入された構造主義的マルクス主義やルカーチに由来する物象化論的マルクス解釈なども大いに貢献してきたことである。その結果、今日もなおわが国では正当にも、本来のマルクス主義への転換は依然として生きた課題であると考えている者がけっして少なくないのである。(21)

(三) 疎外と社会主義

本来のスターリン主義を際立たせていた特徴の一つは、たんに資本主義にたいする批判の底が浅かっただけではなく、現存の社会主義にたいして徹底的に無批判的であったということであり、文字通りのあからさまな弁護論を展開していたということであった。この点についての簡潔明瞭な証言はスターリン時代の哲学的バイブルのなかに見出だされる。この論文の史的唯物論の叙述のなかで歴史上の生産関係の五つの基本型が論じられているが、そめ最後に位置づけられている社会主義的生産関係についてはつぎのような説明が与えられている。

「今のところソ連だけで実現されている社会主義制度のもとでは、生産関係の基礎は生産手段の社会的所有である。ここには、もはや搾取者も被搾取者もいないのである。生産の成果は『働かざる者は食うべからず』の原則にしたがって、労働に応じて、分配されている。ここでは生産過程における人間の相互関係の特徴は、搾取から解放された働き手たちの同志的な協力と相互扶助の関係である。ここでは、生産関係は生産力の状態に完全に照応している。……ここでは生産力は加速度的に発展しつつある。」(22)

要するに、ソ連において実現されている生産関係は社会主義的なものであり、この生産関係を基礎にした社会は長いあいだ社会主義者たちが夢見てきたエデンの園にほかならないというわけである。こうした見解が表明された三〇年代のソ連では粛正の嵐が荒れ狂い、古参の共産党員の多数が抹殺され、おびただしい数の無辜の民がラーゲリに放り込まれ、虐殺されていた。したがって、これらの文章は血で汚された現実を隠蔽し、地獄を天国と偽り粉飾していたのである。収容所群島のソ連をエデンの園として描き出すなどというのは、まことにシニシズムの極みといわなければならないのであるが、しかしこれはあまりにも見え透いた虚言であったので、現状弁護論としても低水準のものでしかなかった。この程度の話では、資本主義諸国の狂信的で盲目的なスターリン信奉者はともかくとしても、自国の民をいつまでも欺き通すことなどはできるはずもなかった。そこで、公的なスターリン批判においてもこの点がそれなりに非難されることになる。先にソ連共産党のイデオロギー関係のリーダーの文章を引用したが、その続きにはつぎのように書かれていた。

「この著作『弁証法的唯物論と史的唯物論について』でスターリンは、弁証法の基本的諸法則の一つ、すなわち否定の否定の法則をまったく回避した、そして社会主義社会での生産関係と生産力の性格との照応にかんする問題の誤った解釈を与えたのである。スターリンによれば、この照応は絶対的であり、それはソ連社会の生産関係と生産力とのあいだにはいかなる矛盾も存在しないことを意味することが、明らかになったのである。長年この誤った思想が通用し、それは理論と実践の一定の問題に否定的に反映していた。(23)」

ここにはたしかに多少の分別の声が響いているといってもよいであろう。こうして、ともかくも、ソ連において実現されたという社会主義がそのままエデンの園であるわけではなく、依然としてさまざまな悪が存在する世俗的な社会にほかならないことが認められるようになったのである。そもそもマルクスの社会主義の概念によれば、共産主義の第一段階としてのその社会では精神労働と肉体労働、都市と農村の対立等々の諸対立がまだ克服されず、国家も存在しているのではなかったかというわけである。新しいスターリン主義はたしかに古いスターリン主義の限界を超えようと努めなかったわけではなかったのである。

だが、改めて言うまでもなく、こうした努力はその限界を超えるところまで進むことはできなかった。新スターリン主義もまた現存社会主義にたいして真に批判的にはなることはできず、その弁護論であることを止めることはできなかったのである。というのは、このスターリン主義もまた結局のところその現実のうちに諸悪中の悪である疎外を、少なくとも資本主義の「母斑」以上のものを見出だすことを拒否してきたからである。この点で新スターリン主義の観点をもっとも典型的に表明してきて、わが国の新旧のスターリン主義者のあいだで人気があったのはテ・イ・オイゼルマンなので彼の議論をみておくことにしよう。彼は、マルクス哲学の復権の運動が広り始めた時期にこの運動を押え新スターリン主義哲学を擁護するためにマルクスの疎外概念について大量の文章を書いているが、この概念を重んじているかのように見せ掛けて、結局、成熟したマルクスの思想体系においてはこの概念がもはや重要性をもたないということを強引に論証しようと努めてきた。そしてこの人物は「疎外概念を社会主義社会へ拡張する傾向」を批判しつつ、一方では新スターリン主義者として社会主義における「疎外の残滓」について語りながら、ただちに他方では次のように述べて行くのである。

「だが、社会主義にはマルクスが疎外の本質、疎外の内容と呼んだものは存在していないのであって、またこういう本来の内容も存在するはずがない。つまり、生産者にたいする労働の産物の支配であるとか、生産活動の疎外であるとか、疎外された社会的諸関係であるとか、社会発展の自発的諸力への人格の隷属といったようなものは、存在するはずがない。」(24)

著者はさらに続けて「社会主義の発展によって惹き起こされた疎外の特殊な形態とか現象を求める」ような見解には同意できないことを強調しているが、彼がどのような方向で議論を展開しているかは十分に明瞭であろう。彼は、たんに後期のマルクスの思想における疎外概念の重要性を否定するために努力していただけではなく、現存社会主義の現実からこの概念を遠ざけるためにも大いに努力していたのである。ベルリンの壁崩壊後の今日から顧みるならば、彼のような見解の限界は誰にとってもきわめて明白で、その程度の哲学でやってきたから今日のような結果を迎えることになったのだと批判されることになるのであるが、要するにそれは典型的な弁護論的イデオロギーにほかならなかったのである。

こうしたオイゼルマンによって代表されるよう疎外についての新スターリン主義的見解は、これと真向から対立する見解と対決するなかで、それにたいする反動として必要にせまられて創り出されたものとみなしてもよいであろう。そうした見解は東欧諸国のマルクス主義者たちによって主張されていたが、そのなかでもとりわけ際立っていたのが『プラクシス』派であった。

すでに見てきたように、この学派の考えによればスターリン主義哲学に取って代わるべき本来のマルクス主義哲学はマルクスの疎外の理論を中核とする批判哲学でなければならなかった。したがって、この哲学を発展させるということは、何よりもまず疎外論を発展させることにほかならなかった。ところで、資本主義社会における人間疎外の問題についてはマルクス以来これまでに基本的には十分に論じられてきているといってもよい。したがって、彼らの考えによれば、疎外論を発展させマルクス主義的批判哲学を一層発展させるチャンスはこの哲学と社会主義との対決にあったのである。そして、実際にまさにこの対決を『プラクシス』派はその他の諸国のマルクス主義者よりも早くから、しかも比較にならないほどラディカルに押し進めてきたのである。

そもそも彼らによれば、社会主義においては疎外の問題は重要性をもたなくなるというようなスターリン主義者たちの主張は原理的に間違っているのであり、実際にはこの問題は社会主義においてこそ初めて重要性をもつにいたるのである。一九六〇年代の初めにこの学派の代表的哲学者の一人プラドラグ・ヴラニツキーは、疎外の問題の解決は最初から資本主義の課題ではありえなかったということを思い起こさせながら、つぎのように書いている。

「社会主義のもとでは疎外の問題は無用であるというテーゼに反して、われわれは出来るだけ断固とした態度で、疎外の問題は社会主義の中心問題であるというテーゼを提起しなければならない。(25)」

マルクスの意味での共産主義の第一段階としての社会主義は労働疎外の克服の過程にある社会、したがってこの疎外がまだ克服されていない、それが依然として存在している社会、したがってその克服を課題としている社会であると考えるのが妥当である。したがって、このヴラニツキーの見解はマルクス解釈として適切なものだといわなければならないであろう。

ところで、このような問題はいわばマルクス解釈上の一問題にすぎないといってもよいのであるが、『プラクシス』派はたんに社会主義と疎外との関係の原理的な考察でオイゼルマンたちの間違いを訂正していただけではなく、さらに現存の社会主義における疎外の諸形態の批判的分析も押し進めてきたのであり、まさにこの点で弁護論的な新スターリン主義の水準をはるかに超えてマルクス主義に新しいものを付け加えていたのである。

先ず最初にヴラニツキーの議論をみておくならば、彼は、疎外克服が社会主義の中心課題であるということを強調したあとで、この点が理解されていないと「政治形態の非人間化という発作」

が惹き起こされることになるということを指摘しつつ、スターリン主義をそうした発作の典型的な一ケースとして把らえることができるという議論を展開している。まことに興味深い視点であるが、彼の議論は以下の通りである。

「スターリン主義は社会主義の本質的問題を見落とした典型的な一例である。歴史的に見れば、スターリン主義においては、そのまえの階級社会から直接に受け継がれた人間疎外のさまざまな形態が見出だされ、それらが強化されている。社会生活そのものの歴史的創造者である人間に信頼をおくかわりにスターリン主義は、共同体の形成と発展の大きな役割を国家およびその他のさまざまな行政機構に与えている。……国家という政治機構の全能は、まさにこの進歩的な歴史的努力の重要な目的である個人、人間、個性の普遍的な無力化を必然的に伴うことになる。(26)」

ここに何故ソ連型の社会主義が「国権主義的社会主義」あるいはたんに「国権主義」と呼ばれるのかの理由も示されているが、ヴラニッキーによれば、この社会主義のもとでは生産者としての人間にとっては資本主義における資本家の支配が国家の普遍的支配によって取って代わられているだけであって、彼は自分が再び「雇用労働という疎外された状況」におかれていることを思い知らされるのであり、したがってつぎのような事実を確認せざるをえないのである。

「ブルジョア的政治社会のすべての歪曲がそこから発生する基本的特質である雇用労働関係を廃止するかわりに、社会主義はその発展のスターリン主義的局面においてまさにこの関係の新しい形態を開発したのである。経済的および政治的な疎外の問題は無くなるどころか、こうして社会主義の真に生々しい問題になったのである。」(27)

要するに、ヴラニッキーによれば、ソ連型の国権主義的社会主義においては労働者は、資本家に取ってかわった国家によって支配され、基本的諸問題についての決定権を奪われた雇用労働者でしかなく、資本主義社会におけると同様に、否それ以上に甚だしく疎外された労働に従事している。そして、そのような疎外を基礎にしてこの社会にはその他の諸々の疎外が存在しその解決をせまっているのである。

さて、このヴラニッキーの議論ではっきりさせられているように、新たに決定的な問題として登場してきているのは国権主義社会における疎外とその克服という問題であるが、この問題について『プラクシス』派は興味深い議論を発展させてきている。とりわけ注目すべき理論を展開していたのはマルコヴィチであるように思われるが、もとよりそれをここで立ち入って検討することなどはまったく不可能である。しかし、以上で見てきたヴラニッキーの議論を補っておくために、彼が国権主義の成立を、さらにその基礎をどのように把えていたかということだけは見ておかなければならない。

彼は、ロシア革命の後の歴史を顧みながら、旧支配諸階級の政治的および経済的権力の廃絶の過程で、たしかに一方では、真の革命過程と呼ぶことのできる著しい諸変化が進行したことを確認している。しかし、彼の考えでは、同時にそこでもう一つの過程も進行していたのであって、それがきわめて由々しい結果をもたらすことになったのである。この過程を彼は次のように描き出している。

「しかしながら、かつての支配階級との革命闘争の成功以後、多くの時が流れるにつれて、一定の指導者グループの掌中へ社会の最重要な諸問題にかんするすべての決定権が極端に集中する傾向がますます明瞭に現れてくる。実際、彼らは他の人々の名において、しばしば彼らの同意を得て、時には現実的あるいは潜在的な真実の支持を得て、決定をくだす。しかし、常に政治的主体であり、決定をくだし、遂行する人々と、常に政治的客体であり、決定に合意し、その決定に調和して行動するように呼びかけられるだけの人々への鋭い分裂がいったん社会に進行してしまうや否や、政治的疎外のすべての本質的諸特徴を指摘することは、困難ではなくなる。[28]」

マルコヴィチにとって大事なことは、要するに、革命後の社会において次第に最重要な社会的諸問題にかんする他の人々の決定権を簒奪し、政治的および経済的権力を独占的に所有する人々の集団が形成されたということである。その結果として実に致命的な人間疎外が惹き起こされるのであるが、この問題ににについての彼の優れた分析の紹介は、残念ながら、ここでは割愛せざるをえない。さしあたって、より重要な問題は革命後登場してきたこの新たな社会集団がどのような種類のものであるかということである。改めていうまでもなく、この社会集団は官僚層であるが、マルコヴィチによれば、それは次のような三つの条件によって特徴づけられる。

「政治的官僚層とは、第一に専門的に政治に従事し、第二に大衆によるあらゆる統制から自由であり、そして第三に対象化された労働の分配にかんする無制限な自由処分権のおかげで多かれ少なかれ巨大な物質的利益を自身に保証している、恒常性をもち凝集力のある社会集団である。[29]」

このような特徴づけからも知られることであるが、マルコヴィチが社会過程を方向づけ管理するあらゆる集団を官僚層と同一視しているわけでないことに注意すべきであろう。彼の考えによれば、管理機能を遂行する社会集団がそのことだけによって、ただちに官僚層になるわけではなく、その集団が官僚層に転化するためには以上のような三つの条件がすべて成立していなければならない。「これら三つの条件のおのおのは官僚層の存在の必要条件であり、そしてこれらの三つの条件が一緒になってはじめてその十分条件になるのである。」(30)

つづけてマルコヴィチはこれらの三つの条件について立入った検討を加えて行くのであるが、それによれば、要するに、官僚層はポスト資本主義における部分化原理、物象化原理の、そしてさらには搾取原理の担い手になるのである。そして、まさにこのような社会集団が存在するということこそが、国権主義的社会主義における諸々の形態の疎外の存在を規定しているのである。したがって、マルコヴィチの考えによれば、生産手段の資本主義的所有を廃止し、階級としてのブルジョアジーを廃絶することは、たしかに疎外克服の途上における決定的な歩みであるが、しかし、あくまでもその第一歩でしかないのであってポスト資本主義社会において一度官僚層が形成され彼らが社会に君臨することになれば、今度は、さらにこの階層を廃絶しなければならないのである。

以上で『プラクシス』派の代表的な二人の哲学者の見解をみてきたのであるが、彼らがどのようにマルクスの疎外概念についてのスターリン主義的解釈を訂正してきたか、さらにこの概念を生かしてどれほど大胆に国権主義的社会主義を批判してきたかは、十分に伺い知られるであろう。彼らは、社会主義においては疎外の問題は重要性をもたないなどと主張して、疎外概念を自分たちの社会に適用することを否定してきたオイゼルマンのような弁護論者たちが隠蔽しようと努めてきた国権主義的社会主義における真の問題に光を当ててきたのである。

ちなみに、彼らは、スターリンとの衝突後ユーゴスラヴィアが採用してきた自主管理社会主義の構想を国権主義的社会主義の否定として支持し、それを一層発展させようと努めてきたのであるが、彼らが到達した高みから見れば、ユーゴスラヴィアの現実はその構想に向かって第一歩を踏み出したばかりの社会でしがなく、この社会には依然として経済的その他の諸々の形態の疎外が存続していた。彼らの目から見れば、自主管理を錦の御旗にしていたユーゴスラヴィアはたしかに国権主義諸国よりは先に進んでいたとしても、その現実はその目標からまだ遠くはなれていたのである。彼らにとって、その現実におけるさまざまな形態の疎外の存在は、まさに改めて言うまでもない話であったのである。後年自分たちの活動を回顧しつつ、マルコヴィチはつぎのように書いている。

「一九六三年までに『プラクシス』派の哲学者たちはつぎのようなことを確認してきた。すなわち、ユーゴスラヴィア社会には依然として経済的および政治的疎外の両方の形態が存在している。勤労者階級はまだ搾取されているが、今度は新しいエリート、すなわち官僚層とテクノクラート層によってである。市場経済は不可避的に資本―賃労働関係を再生産するであろう。自主管理はまだ諸企業と地方的な諸コミュニティおよび諸組織のミクロの次元において存在しているにすぎない。したがって、その一層の発展は専門的政治の暫時的消滅を必要とし、地域、共和国および連邦の次元における労働者評議会の形成を必要としている。真に参加する民主主義のための基本的な前提条件は最初はラディカルな民主化であり、次に政党の消滅である。」(31)

ベルリンの壁が崩壊するよりもはるか以前、ユーゴスラヴィアで戦争が勃発するはるか以前にこうした文章がマルクス主義者によって書かれていたことは、まことに驚嘆に値するといってもよいように思われる。まさにここに『プラクシス』派の哲学者たちが、スターリン主義的弁護論を超えてどこまで到達していたが象徴的に示されていたとみてもよいであろう。

あとがきにかえて――マルクス主義かポストマルクス主義か

最初に触れておいたように、東欧とソ連の最近の激動によって、部分的な修正を加えられながらともかくも生き延びてきたスターリン主義哲学も致命的な打撃を受けたのであるが、ここでは、このような結末をむかえるはるか以前の一九五〇年代から六〇年代の初めまでにこの哲学がユーゴスラヴィアの批判的マルクス主義者たちによってどのように批判され退けられていたか、そしてそれに代わってどのような哲学的パラダイムが提起されていたか、を出来るだけ簡潔な仕方で考察してきた。簡潔すぎて多少説得力が欠けていたかも知れないが、しかし以上だけからでも彼らのパラダイム転換がいかに画期的なものであったかは十分に伺い知ることができたであろう。彼らは六〇年代の初めにはすでに新たなパラダイムに基づいて理論的活動を展開していたのであるが、やがて一九六四年には哲学雑誌『プラクシス』を刊行して、いわば世間に打って出ることになる。東西両世界の優れた協力者、寄稿者を多数得て彼らはこの雑誌を中心に目覚ましい活動を展開し続けるが、六八年以来弾圧され、一九七五年には『プラクシス』も廃刊に追い込まれる。しかし、彼らはこれに屈せず、しばらくの中断の後一九八〇年から再び、しかし今度は世界を舞台に雑誌『プラクシス――インターナショナル』を発行し、今日に至っている。もちろんここでその歴史に立入るなどということはできないが、しかし、現在にいたるまでの長期にわたる彼らの活躍ぶりは、彼らが六〇年代の初めまでに到達していた哲学的パラダイムがいかに優れていたかを如実に語っているといってもよいように思われる。だが、ここにきて同じ学派のメンバーのあいだで見解の相違がかなりはっきりと表れてきているように見えるので、最後にその点についてだけ簡単にみておくことにしたい。

先に見てきたように、『プラクシス』派はソ連社会主義にたいしてはもとより自国の社会主義にたいしても批判的な態度を採ってきたが、彼らの目から見れば、当然のことながら、現存していた社会主義はいずれもきわめて大きな限界をもっていた。七〇年代の半ばに書かれたものであるが、次のマルコヴィチの文章はそうした見解を簡潔明瞭に表明したものだとみることができる。

「［マルクス的］観点からみれば、二十世紀の社会主義的な諸革命のとの一つもまだ完成してはいないことになる。つまり今日にいたるまでにロシア、中国、キューバ、ユーゴスラヴィアその他において起きたのは、たんなる［革命の］最初の局面あるいはその出来損ないの試みにすぎない。(32)」

こうした見解から帰結される結論は、要するに、現存社会主義は崩壊してもおかしくはないということであるが、では、東欧とソ連の国権主義的社会主義の崩壊を実際に目の当りにして、現在マルコヴィチは事態をどのように見ているのであろうか。

彼の最新の論文によれば、彼がこれまでの自分の立場を少しも変える必要がないと考えていることは明瞭である。彼は、まずは崩壊した社会主義とは一体何であったのかを改めて確認し、それとマルクスの革命思想の基本的アイデアとを比較しつつ、次のような結論を導出している。すなわち「東欧とソ連における『現実的社会主義』の没落はマルクスのプロジェクトの没落を意味しているわけではない。」[33] さらに念を入れて、彼は、ましてそれが一般的な社会主義思想の没落を意味しているのではさらにない、ということも付け加えている。これは、多少なりともマルコヴィチの文章に触れてきた者であれば、容易に予想できた結論だといってもよいであろう。そしてまた、これも容易に予想することができるように、マルコヴィチは、国権主義的社会主義の崩壊の後についてはつぎのように考えているのである。

「自己自身に『現実社会主義』というレッテルを貼ってきた権威主義的な国権主義的社会主義の残骸の上に、伝統的な自由主義的レセフェール市場経済から民主主義的社会主義におよぶ、選択を迫られているいくつかの歴史的可能性が開かれている。それらのうちのいずれの可能性が現実のものになるかは、主として歴史的諸条件に依存している……」[34]

さらに、こうした観点から彼は現在の東欧諸国などリーダーたちにたいして次のようなきびしい批判を展開している。

「実際に現存している現代的な先進社会を知らずに東欧とソ連の知識人たちは、つい最近までイデオロギー的諸理由から非難してきた同じ単純化された、俗悪な像を投影している。自分たちのイデオロギーをほとんど一夜にして変更しドグマティックなマルクス・レーニン主義者からドグマディックな自由主義者――「シカゴ・ボーイズ」スタイルで――になった現在、彼らは再びイデロギー的な理由から『現代社会』の同じ歪められた像を受入れている。[35]」

現在の東欧諸国や旧ソ連の現実を念頭におくならば、これはやや厳しい批判だといってもよいのであるが、当然のことながら、こうした批判にたいしては同じ『プラクシス』派のなかからも異論があらわれてきている。はっきりとした態度を表明しているのはストヤノヴィチであるが、彼の考えによれば、批判的マルクス主義の主張はそもそも「潜在的に保守的な機能」をもっていたのである。[36]だが、国家死滅のアイデアを特別に強調してきたこのマルクス主義が何故そのような機能を果たすことになるのか。

この問題についてのストヤノヴィチの説明はつぎの通りである。すなわち、旧国権主義の本質は一集団が国家にたいして、そしてまた国家を通じて社会生活のすべての重要な領域と手段にたいして構造的に統制しているという点にあった。したがって、反国権主義的で現実主義的なプログラムは何よりもまず「この統制を縮小し（自由化）、そして結局は除去する（民主化）ことに焦点を合わせたもの」でなければならない。こうした方向が辿られなければならないときに、国家死滅のアイデアを提案したとすれば、現実から目を逸らすことになり、結局現状変革ではなく現状維持に荷担することになるのではないか、と。[37]

そしてさらにストヤノヴィチによれば、現実主義的展望がますます重要性をもってきている状況のなかではそのようなマルクス主義的批判を続けている人々は「直接的に保守的に、さらには反動的にさえなるという危険に脅かされている」のである。[38] しかも、国家から独立した市民社会の創出等々の現実主義的諸政策にたいしてはマルクスのブルジョア経済学批判が努力なしで利用できるということが、この危険を一層大きなものにしている。つまりは思考の怠惰からレディーメードのマルクス的批判を利用したいという誘惑に抵抗するのが難しく、その結果易々と現実主義的方向にたいして対立するようになるのではないかというわけである。

たしかにこれは、今日いたるところに多数見出だされる保守的マルクス主義者たちの議論にたいして人々が感じている問題にたいしてそれなりに光をあてているとみてもよいであろう。しかし、はたして、外見的には似たような結論を主張していても、その内容がまったく異なっているマルコヴィチなどの見解にたいしてもこの批判が適切だとみなすことができるであろうか。いずれにせよ、当面の反国権主義運動と関わらせながら批判的マルクス主義者までもふくめて、マルクスの基本的アイデアに関っているマルクス主義者すべてを批判するような議論を展開したあとでストヤノヴィチは、さらにより一般化して、マルクス主義のもはや単なる修正とはいえないような変更を提案している。

彼は、マルクスの思想のラディカルな修正を当然と考えるマルクス主義を「修正主義的マルクス主義」と呼んでいるのであるが、こちらの方向ではなく、むしろ自由主義的および民主主義的諸伝統に近付く理論的および政治的定位、とりわけ国家と市民社会の二分法の維持を強調するような定位を「ポストマルクス主義」と呼び、それを支持している。彼の考えによれば、このポストマルクス主義は、古典的マルクス主義における一方の「ラディカルなヒューマニズムの諸原則」と他方の「共産主義的な社会組織のアイデア」との間に基本的な区別を導入すべきなのである。この後者すなわち市場、国家および法無しの共産主義についてのマルクスのアイデアは「良き社会の実行可能なプログラムとは両立しがたい」ということを生活が証明してきたのであり、したがって今や放棄されなければならないのであるが、しかし前者、すなわち実践、脱疎外、脱物象化、本来の人間的諸欲求との出会い、万人の自由の前提条件としての個人の自由およびあらゆる人間の自由などの諸原理も同様な運命を迎えているわけではないのである。では、それらの諸原理はいかにして生かされるべきか。ストヤノヴィチの答えは以下の通りである。

「それらの諸原理が共産主義的ユートピアから分離され、構成的・操作的諸原理としてではなく、もっぱら究極的な統制的・批判的諸理想としてのみ理解されるのであれば、それらの諸原理は、もちろん多数の媒介と結びつけられてであるが、現存する社会と良き社会のプロジュクトを評価するさいに有益でありうる。」[39]

これはなかなか興味深い見解だといってもよいのであるが、しかし市場経済、市民社会と国家の二分法などと「究極的な統制的・批判的原理」との関係がそれほど調和的でありえないのではないかという疑問から始まって、ただちにさまざまな疑問が提起されうるであろう。先のマルコヴィチの批判が、東欧諸国などで現在進められている反国権主義運動にたいしてやや厳しすぎるものであったとすれば、このストヤノヴィチの見解がこの運動にたいしてあまりにも甘すぎると考える者もけっして少なくはないであろう。

ベルリンの壁崩壊後の東欧や旧ソ連の新しい時代はまさに現在進行中であり、それぞれの社会の過去は定かであっても未来は勿論定かということからはほど遠い。そのような見定めがたい状況のなかで、『プラクシス』派の哲学者たちはスターリン主義の終焉後のマルクス主義の新たな地平を切り開こうと苦闘しているのだとみることができるであろう。既に触れてきたように、わが国のマルクス主義者はきわめて深刻に新旧スターリン主義哲学によって汚染されてきていて、それを批判的に克服することができないままで今日に至っている。したがって、ただちに時代の高みに到達するなどということはとても望めないのは当然であるとしても、さしあたって先ずは大急ぎで、『プラクシス』派などの批判的マルクス主義者たちの経験を参考にして、既に一九六

○年代前半に彼らが到達していたところにまで追い付かなければならないであろう。さもなければ、わが国のマルクス主義者は時代の高みに到達するどころか、この派の以上のような議論を理解することさえもできず、結局スターリン主義と運命を共にすることにならざるをえないのではないかとさえ思われるのである。

註

（1）この問題について筆者はこれまでに何度か論じてきた。参考までに主要な論文のみを挙げておきたい。
「スターリン哲学の再検討」、『現代の理論』一九七一年六月号所収。

「実践と批判」、「批判哲学としてのマルクス主義」、『状況』一九七一年七、八月号所収。

「『プラクシス』は何をめざしたか」、『現代の理論』一九七六年八月号所収。

「東欧の新マルクス主義」、『理想』一九七八年九月号所収。

「マルクス主義哲学の現段階と『プラクシス』派」、三階徹、岩淵慶一編著『マルクス哲学の復権』（時潮社、一九八三年）所収。

（2）「哲学論争の総決算と反宗教的宣伝」古在由重編『ソヴェト哲学の発展』、青木文庫、一三五ページ。

（3）『スターリン伝』、国民文庫、一六五ページ。

（4）、（5）前掲『ソヴェト哲学の発展』、八八ページ。

（6）一例のみを挙げておけば十分であろう。スターリン批判の一年前に著名な哲学者によって次のように書かれていた。「ソ同盟が一九一七年の革命の結果として成立していらい、それはつねに弁証法的唯物論の発展においても中心的地位に立っている。そこではマルクス、エンゲルス、レーニンによって発展されきたったこの哲学を、さらにスターリンの大きな成果に学んで前進させ。…いくつかの優れた著書があらわれた。」アレクサンドロフ著、古在由重、森宏一訳『弁証法的唯物論』、「訳者のことば」。

（7）エム・ア・スースロフ「ソ連共産党第二十二回大会と諸社会科学講座の任務」、『唯物論研究』第13号、四八〜五二ページ。

（8）例えば、次の諸文献参照。芝田進午他「スターリン理論の再検討」一九六二年冬号所収、同「マルクス主義における自然と人間」、『マルクス主義哲学』（青木書店、一九六九年）第一巻所収、坂本賢三、後藤邦夫「マルクス主義哲学の展開」、『マルクス主義』（日本評論社、一九六八年）第一巻第七章、前掲拙稿「スターリン哲学の再検討」、森田桐郎「マルクスと『マルクス主義』」、『マルクス経済学』（日本評論社、一九七四年）第一巻序章。

（9）邦訳書名のみを挙げておこう。森宏一、寺沢恒信訳『哲学教程』（合同出版）、『マルクス・レーニン主義哲学の基礎』（青木書店）、秋間実訳『弁証法的・史的唯物論』（大月書店）。

ここで最後にあげた教科書について筆者はかって詳細な批判をくわえたことがある。「東ドイツの新哲学教科書の批判的検討——スターリン主義哲学の復活——」、『立正人学文学部論叢』57号（一九七三年九月）所収。

（10）アルフレード・コージング編著『マルクス主義哲学』（大月書店）藤野渉、秋間実訳。

（11）『プラクシス』派については前掲「マルクス哲学の復権」参照。特にその増補版には雑誌『プラクシス——インターナショナル』の創刊号の長文の巻頭言も訳出されている。この学派についてさらに立入って検討したいと考えている場合には、次の研究書が大いに役立つはずである。GersonS. Sher : Praxis――Marxist Criticism and Dissent in Yugoslavia. bloomington 1977. David A. Crocker : Praxis and Democratic Socialism. Sussex 1983.
なお、この学派が思想史の教科書のなかでも取上げられているので、参考までに挙げておきたい。平井俊彦、徳永恂編『社会思想史――(2)現代』第5部第9章。

(12) Svetsar Stjanović : Kritik und Zukunf des Sozialismus. München 1970. S. 10.

(13) ミハイロ・マルコヴィチ「マルクス哲学の復権」。前掲『マルクス哲学の復権』、一五ページ。

(14) ガーヨ・ペトロヴィチ『マルクスと現代』、田中義久、岩淵慶一訳、紀伊国屋書店、一〇ページ。

(15) 同上、四ページ。

(16) マルコヴィチ、前掲「マルクス哲学の復権」、一二三ページ。

(17) ペトロヴィチ、前掲『マルクスと現代』、二六ページ。

(18) Miladin Zivotić : Die Dialektik der Natur und die Authentizitat der Dialektik. In : Revolutionare Praxis. Freiburg 1970. S. 143.

(19) マルコヴィチ、前掲「マルクス哲学の復権」、一六ページ。

(20) Erich Fromm : Foreword. In : M. Markovic : From Affluence to Praxis. Michigan 1974. p. 6.

(21) 改めていうまでもないが、ここで筆者が念頭に置いているのは、ルイ・アルチュセールの『甦るマルクス』、『資本論を読む』や廣松渉氏の『マルクス主義の成立過程』、『物象化論の構図』等々である。後進的なマルクス主義の現状に対して瀬戸明『現代に甦るマルクス思想』(白石書店)は真に説得力のある興味深い議論を展開している。

(22) スターリン『弁証法的唯物論と史的唯物論について』、国民文庫、四二ページ。

(23) スースロフ、前掲「ソ連共産党第二十二回大会と諸社会科学講座の任務」、五二ページ。

(24) テ・イ・オイゼルマン『マルクス主義と疎外』、樺俊雄訳、青木書店、一六九ページ。こうした見解はこの著者も執筆している公認の哲学教科書のなかでも繰返されている。

(25) プレドラグ・ヴラニツキー「社会主義と疎外の問題」、フロム編『社会主義ヒューマニズム』、城塚登監訳、紀伊国屋書店、七六ページ。

(26) 同上。

(27) 同上。

(28) ミハイロ・マルコヴィチ『実践の弁証法』、岩田昌征、岩淵慶一訳、合同出版、一二七ページ。

(29) 同上、一三一ページ。

(30) 同上。

(31) マルコヴィチ、前掲「マルクス哲学の復権」、三三ページ。

(32) 同上、五四ページ。

(33) M. Marković : The Meaning of Recet Changes in Eastern Europe. In ; Praxis—International. Vol. 10, Nos. 3-4. p.214.

(34) ibid., p.222.

(35) ibid., p.216.

(36) S. Stojanović : Marxism, Post—Marxism and The Implosion of Communism. In : Praxis International. Vol. 10, Nos. 3-4, p.206.

(37)、(38) ibid.

(39) ibid., p.207.

補論　『プラクシス』は何をめざしたか
――マルクス主義哲学のユーゴスラヴィア学派について――

現代のユーゴスラヴィアについてエーリヒ・フロムは、この国がいまや「世界のもっとも興味深い、またもっとも賞賛されている諸国の一つ」になっていると述べ、その賞賛の理由としてつぎのようなその「法外な業績」を挙げている。すなわち、第一に、ユーゴスラヴィア人たちがヒットラーとたたかい、自力でみずからを解放し、さらに戦後、スターリンとたたかい、彼の野望を挫いたこと、そして第二に、ソ連と決裂したのちに彼らが「まったく新しい、オリジナルな型の社会主義社会」を、すなわち「自主管理社会主義」を建設しはじめたことである。これらの二点については、わが国でも今日ではかなり知られ認められているとみてよいであろう。だが、フロムが三番目に挙げている賞賛すべき法外な業績は、わが国ではそれほどよく知られているとはいえないように思われる。彼はつぎのように述べている。

「右翼社会民主々義者とスターリン主義者とによって同様に歪められたマルクスに反対して真のマルクスへと復帰することがマルクス主義哲学のユーゴスラヴィア学派の到達目標であっ

た。そしてこの学派こそは、戦後のユーゴスラヴィアの第三の業績なのである。もちろん、ポーランド、チェコスロヴァキア、ハンガリーにもまたヒューマニズム的マルクス主義者が存在したし、現在も存在している（もっとも卓越したマルクス主義であったハンガリーのルカーチは最近亡くなった）。しかし、ユーゴスラヴィアの発展を特徴づけているのは、本来のマルクス主義の復活と発展に関心をもった個々の哲学者たちが存在しただけではなく、それがユーゴスラヴィアのさまざまな大学で教えている人々のかなり大きな集団の関心と仕事であったという事実である。」(1)

フロムのような人物によってこのように評価された「マルクス主義哲学のユーゴスラヴィア学派」とは、いったいどのような集団なのであろうか。

その他の社会主義諸国におけると同様に、ユーゴスラヴィアにおいても戦後の哲学史の第一段階は基本的にはスターリン主義哲学の優勢な支配によって特徴づけられていた。この段階について、それをみずから体験したガーヨ・ペトロヴィチは彼の論文「ユーゴスラヴィアの哲学と雑誌『プラクシス』」のなかでつぎのように書いている。すなわち「ユーゴスラヴィアのマルクス主義哲学におけるスターリン主義的段階は、その他の社会主義諸国における同じ段階とは一致していない。この時期にもわが国の大学の哲学教授のなかには非マルクス主義者がいたし、またマルクス主義もその他の諸国におけるようにはそれほど教条主義的に硬直化した解釈はなされなかった。それにもかかわらず、スターリン主義の時代について語ることができる。マルクス、エンゲルス、レーニンの諸著作とならんでスターリンの諸著作や現代のソ連の哲学者たちの諸著作が支配的な文献として翻訳され、そして一般的に受け入れられていたマルクス主義の解釈は弁証法的唯物論のそれであった」(2)。このような事態に根本的な変化をもたらしたのが、一九四八年のソ連との決裂であった。この歴史的事件が哲学の分野にどのような影響をあたえたかをペトロヴィチはつぎのように総括している。

「第二次世界大戦とそれに続く数年間にユーゴスラヴィアおよびインターナショナルな労働運動がもたらした豊富な諸経験――とりわけ、スターリン主義とユーゴスラヴィアとの衝突の諸経験――は、哲学的教条主義のたんに効果的な克服のみではなく、またその根本的な克服をも可能にさせた。……哲学は、外的な束縛によっては拘束されない自由な創造的な活動としてみずからを見出したのである。(3)」

こうして、一八四八年の出来事を契機としてスターリン主義から自分たちを解放し、本来のマルクス主義を再生させる運動が展開されはじめたのであるが、この過程で徐々に形成され、やがて一九五〇年代の後半にははっきりとした潮流をなすようになったのが、さきにフロムが挙げていた「マルクス主義哲学のユーゴスラヴィア学派」である。この学派は、一九六〇年代にいっそう発展して行くのであるが、ペトロヴィチによれば、この発展は二つの主要な段階に分けられる。すなわち、一九六〇年から一九六四年までの段階には、主に一般的な哲学的諸問題、とりわけ存在論と哲学的人間学の諸問題、が論じられたのにたいして、一九六四年以後の第二の主要段階においては、たんにそれらの一般的な哲学的諸問題だけではなく、社会生活や政治の諸問題に密接に結びついている社会哲学および政治哲学の諸問題が論じられた。そしてこの後者の段階の始めに雑誌『プラクシス』が誕生し、影響をおよぼしはじめたのである。(4)

フロムによって「マルクス主義哲学のユーゴスラヴィア学派」と名づけられた人々は、彼らがそこに結集した哲学雑誌の名前によって『プラクシス』グループとも呼ばれてきたが、この雑誌は、ザグレブ大学の学者たちを編集委員会として一九六四年に創刊された。この雑誌を領導した思想がどのようなものであったかは創刊の辞「『プラクシス』は何をめざすか」（資料1）からうかがい知ることができるであろう。ここでは、ペトロヴィチが前掲論文のなかで『プラクシス』の編集委員会の基本的な洞察を適切に要約しているので、それを引用しておきたい。

「『プラクシス』の基本的な構想は、哲学および現実――とりわけ現在の社会主義の現実――の歴史的発展の諸経験の結果から生まれた。『プラクシス』の編集委員が自分たちの考察から導き出したもっとも重要な教説の一つは、つぎのような洞察からなり立っている。すなわち、われわれの世界の運命はわれわれの哲学の発展と密接に結びついているということ、今日の世界は、適切な哲学的思考なしには、それがはいり込んでしまっている袋小路からの出口を見つけ出すことができないということ、他方では、現在の哲学は、それが厳密に『専門的な』諸問題にみずからを閉じ込めているかぎりは、人間の生活諸力を維持することも革新させることもできないということである。今日の世界は、哲学の伝統の深みからみずからの思考でもって汲み取り、現代の困難な諸問題へと突き進んで行く哲学を必要としている」[5]。

このような洞察から出発して『プラクシス』がはたすべき役割が導き出されたのであるが、それは「『プラクシス』は何をめざすか」のなかのつぎの文章に簡潔かつ的確に表現されているとみてもよいであろう。

「われわれの雑誌においては、哲学は、革命の思想、現存するすべてのものの容赦のない批判、真に人間的な世界のヒューマニスティックな展望、革命的行動をインスパイアする力、であるべきである。」

一九六五年からこの『プラクシス』の国際版が英語、フランス語、ドイツ語で刊行されたが、それによってこの雑誌は諸外国でも名声を得るようになった。この国際版の成功はそれ以前からのユーゴスラヴィアの哲学者たちと諸外国の哲学者たちとの接触によって、特にコルチュラ島におけるサマースクールにおける交流によって、準備された。ちなみに、このサマースクールを組織したのも、『プラクシス』を生みだしたザグレブの哲学者と社会学者のグループであった。一九六三年に統一テーマ「進歩と文化」が論じられて以来、一九七四年にいたるまでこのサマースクールで「社会主義の意味と展望」、「歴史とは何か」、「創造と物化」、「マルクスと革命」、「ブルジョア的世界と社会主義」等々の諸テーマが問題にされてきた。そしてこの集会の諸成果は、普通、『プラクシス』誌上に発表された。

『プラクシス』国際版編集委員はつぎのようなユーゴスラヴィアの学者たちによって構成された。すなわち、ブランコ・ボスニャク、ダンコ・グルリッチ、ミラン・カングルガ、ヴェリコ・コーラッチ、アンドリヤ・クレシッチ、イヴァン・クヴァーチッチ、ミハイロ・マルコヴィチ、ガーヨ・ペトロヴィチ、スヴェトザル・ストヤノヴィチ、ルディ・スペック、リュボミル・ターディチ、プレドラグ・ヴラニツキー、ミラディン・ジボティチ。諸外国の哲学者たちは、最初の二年間は、たんに『プラクシス』の協力者として発表されただけであったが、一九六六年以後、彼らとユーゴスラヴィア各地の学者たちによって国際版の編集会議がつくられた。ここでは彼らのうちからわが国でもよく知られている学者の名前だけを挙げておくことにしよう。コスタス・アクセロス、アルフレッド・エイアー、ジグムンド・バウマン、エルンスト・ブロッホ、トマス・ボットモア、ウムベルト・チェローニ、オイゲン・フィンク、エーリヒ・フロム、ルシアン・ゴルドマン、アンドレ・ゴルツ、ユルゲン・ハーバマス、アグネス・ヘラー、レシェク・コラコフスキ、カレル・コシーク、アンリ・ルフェーブル、ジエルジ・ルカーチ、セルジュ・マレ、ヘルベルト・マルクーゼ、ハワード・P・パーソンズ、デイヴィド・リースマン等々。

この編集会議についてペトロヴィチが「その構成はまことに素晴しいものであった」と書いているが、この言葉がけっして誇張ではないことは明らかであろう。彼は謝意を表しつつ、つぎのように記している。「東西の多数の名声を得ているマルクス主義哲学者たちや社会学者たち、および多数の優れた非マルクス主義的な学者たち、がこの雑誌を自分たちのものと認め、この雑誌に協力した。とりわけ、この雑誌が創造的マルクス主義と人間的社会主義をめざしている理論誌であることがインターナショナルに承認されたのは、これらの広範な協力者たちのおかげである。」(6)実際に、この『プラクシス』は、一方ではエルンスト・ブロッホのような人物によって「現代の最良の雑誌である」という讃辞をおくられるとともに、他方ではソ連や東ドイツの哲学者たちによって「現代修正主義」の国際的機関誌とみなされ、激しい攻撃の対象にされてきたのである。

では、『プラクシス』に結集したユーゴスラヴィアの学者たちはどのように諸思想を展開してきたのであろうか。スターリン主義的な一枚岩の精神をきっぱり否認した彼らの諸思想はまことに多様であり、したがって、それらを簡単にまとめることは困難である。だが、彼らのもっとも重要な協力者の一人であったフロムのつぎの一節は、彼ら全体の共通の傾向を適切に総括したものとみなすことができるであろう。彼は『プラクシス』グループを「マルクス主義哲学のユーゴスラヴィア学派」と名づけ、この学派を戦後ユーゴスラヴィアの第三の歴史的業績と賞賛したあとで、つぎのように書いている。

「この業績の重要な意義は、ソ連の哲学がマルクス主義の相続財産の真の守護者であると素朴に想定している人々にとっては、たいしたことを意味していないかも知れない。しかしながら、まったく反対に、スターリン主義的マルクス主義は、本質的にはたんに弁護論的機能をはたしてきたにすぎなかったのであり、それはマルクスをソ連社会の実状に適合させせなければならず、したがって、あらゆる弁護論的学問と同様に、教条主義的で退屈なものにならざるをえなかったのである。このマルクス主義の俗悪変種は、マルクスにとって社会主義とはあたかも生産手段の社会化あるいは国有化と同義であるかのように、そしてそれが、その人間的および経済的アスペクトにおいて完全に新しい社会形態の展望をふくんでいなかったかのような印象をあたえてきた。マルクス主義のユーゴスラヴィア学派は、過去百年の哲学的運動を十分に自覚している哲学者たちの洞察と知識とをもって、マルクスの諸理念をそれらの真実の意味へと復活させた。しかし、この自覚は彼らを『実存主義者』や『現象学者』の方向へは向けなかったのである。彼らはまた『人間の顔をした社会主義』については語らなかった。というのは、彼らは、社会主義がたんに人間的な顔をもつだけではなく、また人間的な身体をももつことを知っていたからである。彼らが関心をもったのは、その根底が人間であるところの、そしてその到達目標が調和的に発達した、独立的な、自らに信頼をよせる諸個人にとっての土台としての社会主義であるところの、一つの理論であったのである。⑺」

ここでフロムが指摘しているように、この学派はスターリン主義的な俗悪化されたマルクス主義を批判し、「マルクスの諸理念をそれらの真実の意味へと復活させ」ようと努めてきた。そしてこのことは、彼らにとっては、なによりもまず、マルクス主義における「人間の復権」を意味していたのである。この点についてペトロヴィチは彼の論文「マルクス主義対スターリン主義」のなかでつぎのように述べている。すなわち「ユーゴスラヴィアの戦後の哲学の発展の基本的成果の一つは、マルクス主義哲学のスターリン主義的解釈から抽象物として締め出されていた人間こそが、本来のマルクス主義哲学の思想の中心に存在している、ということを発見したことである。[8]」彼らの考えによれば、結局、マルクス主義哲学とは、「自由な、創造的な実践的存在者」としての人間の自己疎外を容赦なくあばき出し、それを止揚するための世界の革命的な変革を要求する「実践の哲学」(die Philosophie der Praxis) にほかならなかったのである。

こうして、彼らは、スターリン主義から締め出されていた人間を再び彼らの関心の中心に据え、そこから出発してマルクス主義の伝統的な哲学的諸問題に新たな光を投げかけるとともに、新たな諸問題を大胆に提起してきたのであるが、さらに注目すべきことは、彼らが、フロムによって「まったく新しい、オリジナルな型の社会主義」と呼ばれたユーゴスラヴィア型の社会主義の構想を哲学的に基礎づけようと努めてきたことであろう。彼らによれば、ソ連型の社会主義は、「国権主義的社会主義」(der etatistische Sozialismus) あるいはたんに「国権主義」(der Etatismus) と呼ばれるべきものであり、マルクスの意味での「共産主義の第一段階」としての社会主義ではなく、その対立物であった。そして、それにたいして、その弁証法的否定である自主管理こそは、真にマルクスの精神に合致したものであり、人間的な未来への展望を切り拓くものであった。『プラクシス』グループがどのようにスターリン主義(その哲学と社会主義)を批判し、それにかわるものとしてどのような新しいマルクス主義の構想を提起したかは、一九六八年に発表された編集委員会論文「『プラクシス』にたいする最新の諸批判について」のつぎの諸節から十分にうかがい知ることができるであろう。

「現在の社会主義運動において（国際的な脈絡においても、またわが国においても）、二つの基本的な、相互に対立し合った方向、すなわち官僚主義的国権主義と民主々義的自主管理の方向、が存在する。同様に哲学の領域においても、スターリン主義的実証主義と創造的マルクス主義とが対立している。スターリン主義的実証主義は、マルクス主義ではなく、その否定である。スターリン主義は、理論と実践とにおいて、世界的規模で、自主管理、社会の民主化、人間的諸関係の人間化に対してたたかっている。それは、人格の自由、思想上の対決、公然たる批判、創造的マルクス主義、の決定的な敵である。スターリン主義は、テクノクラシー的・官僚主義的国権主義のイデオロギーであり、この国権主義は自主管理とはけっして和解しえないのである。『プラクシス』が主張している創造的マルクス主義の基礎になっているのは、人間の自律と自主管理の思想である。現在のこの主導的理念は、歴史的な新事実として、革命的・批判的思考の前提をなし、創造的・実践的行為の刺激をなしている。……

それゆえ、創造的マルクス主義は、社会的自主管理にとっての思想的基礎をなしている。それにたいして、他方、逆に自主管理が現実になっている社会主義のみが、それにもとづいて自由な、自律的な人格の目印としての、自由な、批判的な、創造的な思考が発展することができる歴史的な展望と可能性とを開くのである。官僚主義の精神は、いかなる自律的な人間をも許容しない。それは、ただ精神的な怠惰と凡庸においてだけ栄え、服従と従順とを徳としている人々の愚鈍によって生きているにすぎない。それは、人間の私人化と忍従とにもとづいて維持され、あらゆる人間のもとで受身の姿勢を生みだし、不確かさと生活不安とを増大させ、無関心と敗北主義とをひき起こす。官僚主義の精神は人間の価値を引き下げ、人間を破滅させ、そしてまた人間の品位に最後のとどめをさす。(9)」

これらの文章はまた、この一〇数年間のマルクス主義革新運動において資本主義社会においてよりも、みずからを社会主義と呼んでいる社会においてよりいっそう興味ある諸成果が生みだされてきたという評価がけっして誇張ではないことを例証しているように思われる。

では、その創刊以来『プラクシス』はいったいどのような反響を見出してきたのであろうか。ペトロヴィチによれば、一方では、この雑誌はユーゴスラヴィア国内において多数の知識人、労働者、学生によって高く評価されてきた。その理由は、ペトロヴィチによれば、「『プラクシス』が現在の社会主義のきわめて本質的ないくつかの課題を論じ、社会主義における自由と民主主義の発展に注意を払い、たとえば、たんに形式的にすぎないのではないような自主管理の創造のために努力し、官僚主義やその他の社会主義のスターリン主義的歪曲、住民内部の社会的不平等の拡大、商品生産、自由市場の否定的諸側面などにたいしてたたかってきた」[10]からである。おそらくこれは真実であろう。そしてまた、この雑誌は、たとえばブロッホによってきわめて高く評価されたことからも知られるように、諸外国においても名声を獲得してきた。

だが、他方、この雑誌はたんに東ドイツその他の諸国のマルクス主義者たちによってはやくから批判されてきただけではなく、国内のマルクス主義者たちからも激しい攻撃にさらされてきたのである。たしかにフロムが指摘しているように、『プラクシス』グループの哲学者たちは「ユーゴスラヴィアの法律と社会的実践とが発展させた新しい、想像力に富んだ諸制度によって多いにはげまされ、またこれらの新しい諸制度はまた、マルクスの理論が、それらが根を張る地面であることを証明しえた哲学的思想によって多いに支持されてきた」[11]はずである。したがって、両者のあいだには調和的な関係が成立しえたはずであるように思われる。だが、実際には両者のあいだにはそのような調和的な関係は形成されてこなかったのである。この点についてペトロヴィチはつぎのように述べている。すなわち「しかしながら、奇妙に思われることは、われわれがユーゴスラヴィアにおいても攻撃されたということである。しかも、たんに反マルクス主義者やスターリン主義者からだけではなく、スターリソ主義者にたいして激しい批判を展開してきた政治家たちからも攻撃されたということである。」[12] 彼によれば、『プラクシス』に反対するキャンペインは、新聞、雑誌、ラジオ、テレビなどほとんどすべてのコミュニケーション手段を通じて、またさまざまな政治的舞台で、絶えまなくおこなわれてきたのである。

『プラクシス』グループにたいする攻撃は、「現存するあらゆるものの容赦のない批判」という彼らの基本テーゼ、スターリン主義と官僚主義の危険性というテーゼ、ユーゴスラヴィア社会主義運動の否定的諸側面にたいする彼らの批判などにたいしておこなわれたが、この攻撃が特別な頂点に達したのは、一九六八年六月―八月においてであった。この攻撃はこの年の六月の学生運動の高揚の過程に関連しておこなわれ、『プラクシス』の編集委員たちは、「極左急進主義者」の組織者かつ首謀者として弾劾され、あるものはユーゴスラヴィア共産主義者同盟の責任ある地位から締め出され、またあるものは、彼らがそこに地位を占めていた組織が解散させられた。だが、この大攻撃にもかかわらず、コルチュラ島のサマースクールも『プラクシス』もともかくも生き延びることができた。そしてこの事件の少しあとでペトロヴィチはつぎのように誇りをもって書き記すことができたのである。

「私のもっている印象では、他の社会主義諸国におけるいかなる雑誌も、これほど長期にわたって激しい攻撃の対象になり、それにもかかわらず、いかなる譲歩もせず、いかなる妥協もせず、確信を放棄することもなく、生き残ったことはなかった。この点からみても、『プラクシス』は国際的な関心に値する実験なのである。」[13]

だが、それから数年後、再びはじめられた、激しい攻撃と直接的弾圧とによって、この「国際的な関心に値する実験」もついに息の根をとめられてしまったのである。一九六八年に「プラハの春」がワルシャワ条約五ケ国軍の武力によって蹂躙された事件は、われわれの記憶にまだ新しいが、この犯罪的な事件の後、ソ連、東ドイツその他の侵略諸国において保守反動化の波が高まり、そのなかで一方では本格的にスターリン主義が復活させられるとともに、他方では、『プラクシス』グループをはじめとするマルクス主義革新運動にたいする激しい批判が展開されてきた。[14]そして、それとともに一九七〇年代にはいってからユーゴスラヴィア国内においてもこのグループにたいする批判と攻撃が再びいっそう強化され、ついに彼らにたいする直接的な弾圧が展開されるにいたったのである。それは、一九七四年一一月に大学法の一部が改悪され、それによってベオグラード大学のミハイロ・マルコヴィチ、スヴェトザル・ストヤノヴィチ等八人の教員が追放されたことで一つの頂点に達したとみてもよいであろう。[15]さらに、一九七五年のはじめには、ユーゴスラヴィア共産主義者同盟の機関紙『コムニスト』がコルチュラ・サマースクールにたいしてつぎのように非難したと伝えられている。すなわち「いわゆる『哲学学校』は『エセ学術的』

会合であって、実際はユーゴスラヴィアの現実に反対する政治的集会の場である。ユーゴスラヴィアの教授、学生グループは、この場を通じて西欧のアナーキストやトロツキストと接触している。[16]」このような弾圧と攻撃に抗し切れず、昨年の三月に『プラクシス』編集委員会はついにこの雑誌の廃刊を声明せざるをえず、さらにこの年のサマースクールも中止されたのである（資料2参照）。

こうして、一九六八年以来の社会主義諸国の保守化の波の高まりのなかで、「国際的な関心に値する実験」もついに終息させられてしまった。そしてその後この事件についてはさまざまな推測がおこなわれてきた。たとえば、ユーゴスラヴィアにおいて一昨年確立された「党への権力集中」や「大統領輪番制と集団指導制」といった路線、「ポスト・チトー」への必死の準備、からみて『プラクシス』グループのようないわゆる理想主義的左派の存在が邪魔であった、さらに、「ポスト・チトー」の接近とともに高められつつあるソ連からの巨大な圧力をまえに、少しでもその鋒先をそらせようとする布石であったのかも知れない、等々。だが、どのような諸要因の結果として生じたものであれ、この事件はわれわれにつぎのような若きマルクスの言葉を思い起こさせずにはおかない。すなわち「哲学の到来を告げるのは、その敵の叫びである。この敵は、観念の大火からの救いをもとめて狂気のような叫びをあげることによって、その火がすでに内的に彼らに燃えうつっていることをあらわに示す。」。（「『ケルン新聞』第一七九号の社説」）

註

(1) エーリヒ・フロム、ミハイロ・マルコヴィチ『豊かさから実践へ』への序文、ミシガン大学出版、一九七四年、六ページ(英語)。
(2) ガーヨ・ペトロヴィチ編著『革命的実践』、一〇ページ(ドイツ語)。
(3) 同右。
(4) 同右、一二ページ。
(5) 同右、一四ページ。
(6) 同右、一六ページ。
(7) フロム、前掲序文、七ページ。
(8) ペトロヴィチ『マルクスと現代』、紀伊国屋書店、二六ページ。
(9) 前掲『革命的実践』、二六五―六ページ。
(10) 同右、一八ページ。
(11) フロム前掲序文、七ページ。
(12) 前掲『革命的実践』、一八ページ。
(13) 同右、二一ページ。
(14) 拙稿「スターリン主義哲学の復活」参照、「現代の理論」五月号所収。
(15) この事件にたいして『シュピーゲル』一九七五年二月三日号でエルンスト・ブロッホが抗議をしている(この点について清水多吉氏からお教えいただいた)。
(16) 『朝日新聞』、一九七五年七月一九日号。「テレタイプ」

資料1 『プラクシス』は何をめざすか

今日、非常に多くの雑誌があり、そしてそれらを読むものは非常に少ない。それでは、いったい何をめざしてもう一冊の雑誌を刊行するのか?

きわめて多数の雑誌があるにもかかわらず、われわれの願望にぴったりと合った雑誌は一冊もない。つまり、たんに専門哲学者の要求にこたえるだけではなく、またたんに哲学的であろうとするだけではなく、ユーゴスラヴィア社会主義のアクチュアルな諸問題、現代の世界および今日の人間を問題にするような哲学雑誌が欠けている。われわれは、慣習的な意味のいかなる哲学雑誌も望まないし、また一つの中心的な思想や一定の相貌を断念するような一般的・理論的な雑誌も望まないであろう。

このような雑誌を刊行しようという考えは、たんにわれわれが可能だと思っているより広範な理論的構想を実現したいという願望だけから生まれたのではない。むしろ、その基礎にある確信は、このような種類の雑誌がわれわれの時代の強い欲求に適っているということである。

社会主義は、今日人類が自らそれらの前に立っていることを知っている諸問題の唯一の人間的な解決を提供している。そしてマルクスの思想は、革命的行動のもっとも重要な理論的基礎およびインスピレイションの源泉を供給している。最近数十年間の社会主義の理論と実践の失敗と歪曲のもっとも重要な原因の一つは、マルクスの思考の「哲学的次元」の軽視に求められるべきである。すなわち、その人間的な核心の公然あるいは陰然たる否認に求められるべきである。真正な、人間的な社会主義の発展は、マルクスの哲学的思考を蘇生させ発展させることなしには、すべての重要なマルクス主義者たちの諸著作を徹底的に研究することなしには、そしてまた、われわれの時代の未解決の問題にマルクス主義的に、非教条主義的に、革命的に取りかかることなしには、不可能である。

今日の世界は、相変わらず、経済的搾取、諸国民間の不平等、政治的不自由、精神的空虚、貧困、飢え、戦争、不安の世界である。これらの以前からのおぞましきことに、つぎのような新しいおぞましきことがつけ加わっている。すなわち、原子〔戦争による〕絶滅は、たんに可能な未来にすぎないだけではなく、すでに今日では、われわれの生活を毒している不安と悪夢において現存している。自然の支配のための手段を作りだす点では成果がますます増大してきたことによって、人間もまたますます多く、自分が作りだした手段の傀儡になっている。大衆の匿名性から出発する抑圧、ならびに大衆操作のための科学的諸方法は、ますます強力に自由な人間的人格の発達に対立している。

現在の非人間的な状態を克服し、よりよい世界を創造するために努めている進歩的な社会的諸勢力の意識的な諸努力が過小評価されてはならない。それらの努力がたたかいとってきた重要な諸成果は、忘れられてはならない。しかしながらまた、現実的に人間的な社会を建設しようとしている諸国においても、相続してきた非人間性の諸形成が克服されていないということ、しかもそれらの諸国においては以前にはなかったような歪みが見出されるということ、が見過されないように警戒されなければならない。

哲学者は、これらすべての事柄にたいして無関心に対立することはできない。というのは、たんに困難な状況においてはあらゆる人々が、したがってまた哲学者も、自らの寄与を果さなければならないだけではなく、なによりもまず、これらの諸困難の基礎には、それらの解決が哲学の助けなしには不可能であるような諸問題が横たわっているからである。だが、もしも哲学が現在の世界的な規模での危機を取り除くために自らの寄与を果そうと思うならば、哲学は、哲学自身の歴史の研究と解釈に自らの仕事を制限してはならない。また、哲学は一切を抱括する体系の形式的構成に沈潜してはならない。また、哲学は、現在科学で使われている諸方法を分析することに堕落したり、あるいは言葉の日常的使用を記述することにけっして堕落してはならない。もし哲学が革命の思想になりたいと思うならば、哲学は世界と人間の諸困難に向かわなければならない。すなわち、もし哲学が日常的なものの本質を解明したいと思うならば、哲学は、さしあたって一度は日略的なものから遠くはなれ、「形而上学」の深みに沈潜することを恐れてはならない。

以上のような見解に応じてわれわれが望むのは、哲学を一特殊領域としては、その他の諸学科から切りはなされた人間の日常的な諸問題から遠ざかっているような一学科としては、理解しないような雑誌である。われわれの雑誌においては哲学は、革命の思想、現存するすべてのものの容赦のない批判、真に人間的な世界のヒューマニスティックな展望、革命的行動をインスパイアする力、であるべきである。

『プラクシス』という名前が選ばれたのは、マルクスの思考の中心的概念である実践〔Praxis〕が上記の哲学概念をもっともよく表現しているからである。この言葉がギリシャ的形式で登場してきたということは、われわれがこの概念を古代ギリシャ哲学の意味で理解することを意味してはいない。それと同時に、われわれは、われわれがプラグマティズムの実践概念や俗流マルクス主義の実践概念から遠く隔っているということ、本来のマルクスを理解しようと努めているということ、をきっぱりと予示しておきたい。そのうえに、このギリシャ語は――たとえそれがそのギリシャ的な意味で使われない場合でさえも――、日常的なものを考察するさいに、それが非日常的で本質的な内容において隠しているものを見のがさないようにということを、われわれに思い起こさせてくれる。

われわれが討論のために提起する諸問題は、専門領域としての哲学の枠を凌駕している。それは、そこにおいて哲学、科学、芸術および社会的行動が出会うところの諸問題であり、たんに人間生活のあれこれの部分的諸側面、あれこれの個人、に関係しているだけではなく、人間としての人間に関係している諸問題である。以上でのべてきた諸問題が一専門領域では取り扱われえず、また一学科として理解された哲学においても取り扱われえないということを、われわれはまた自分たちの協力者を選択するさいにも考慮しなければならない。われわれは、哲学者たちとならんで芸術家、作家、学者その他現代の生活問題に無関心ではないあらゆる人々と一緒に協力して仕事をして行きたいと思っている。

マルクスの思考の本質にたいする理解を欠いていては、人間的な社会主義は存在しえない。だが、それにもかかわらず、われわれがめざしているのは、マルクスの「厳密な」理解を可能にさせ、そしてそれからかれの思考をその『純粋な』形式で弁護するために、マルクスを解釈することではない。われわれにとって肝心なことは、マルクスを保守することではなく、マルクスがインスピレイションをあたえた生き生きとした、革命的な思考を発展させることである。このことは、非マルクス主義者たちも参加する広魄で公然たる討論を要求する。そこで、われわれの雑誌は、たんにマルクス主義者の労作だけではなく、また、われわれがかかわり合っている理論的な諸問題を研究しているその他の人々の労作をも発表するであろう。われわれは、マルクスの思考を理解するためには、理解力のあるマルクス批判者の方が、偏狭でドグマティックに思考するマルクスの信奉者たちよりは、はるかに多大に寄与することができる、と信じている。

個々の労作にふくまれている思想は、編集委員会にではなく、著者に帰せられるべきである。

そのうえに読者はすぐに、編集委員会の個個の成員もまたすべての点で同一の意見であるわけではないということを確認することができるであろう。われわれの雑誌で労作を発表することは、編集委員会の意見が著者——著者が編集委員会の成員であるか否かにはまったくかかわりなく——の見解と一致しているということを意味しているわけではない。労作を発表することは、編集委員会がその論文を現在の世界と人間のアクチュアルな諸問題にかんする討論にたいする重要な貢献とみなしている、ということを示しているにすぎない。

雑誌『プラクシス』は、その本部がザグレブにあるクロアチア哲学会によって刊行される。このことは編集委員会の構成においても認められる。それにもかかわらず、クロアチアの諸問題は、今日では、ユーゴスラヴィアの諸問題から切りはなされえず、また同様にユーゴスラヴィアの諸問題はその他の世界の諸問題から切りはなされては論じられえない。社会主義とマルクス主義は、局限されたナショナルなものではない。もしそれらがナショナルな枠内に押しこめられるとすれば、もはや社会主義とマルクス主義とは問題にならないであろう。

したがって、この雑誌は、たんに特殊にクロアチアおよびユーゴスラヴィアの諸テーマを取り扱うだけではなく、なによりもまず、今日の人間と哲学との一般的な諸問題をも討論するであろう。提起された諸問題への接近の仕方は、社会主義的でマルクス主義的なものであろう——それゆえに、ナショナルに規定されたいかなる性格ももたないであろう。クロアチアの協力者のほかに、その他のユーゴスラヴィアの共和国やその他の諸国および諸大陸の学者たちも参加するであろう。この雑誌のユーゴスラヴィア語版のほかに、われわれはまたインターナショナルな版を（英語およびフランス語で）刊行するであろう。このインターナショナルな版の目的は、外国でユーゴスラヴィアの思考を代表することではない。むしろそれによって、アクチュアルな諸問題の討論における哲学者たちのインターナショナルな協力が鼓舞されるべきであろう。

われわれは、われわれの雑誌がけっしてわれわれの世界のすべてのアクチュアルな諸問題を解決してしまうことなどはできず、それらの諸問題を一度に討論のために提起することができないということを知っている。われわれは、そのようなことを試みようなどとは思わないで、若干の中心的な諸問題に集中したいと思う。そこで、この雑誌は、偶然に手に入った寄稿に依存してその形態を作って行くのではなく、むしろ編集委員会は、委員会が必要であると考え、討論に値すると考える一定のテーマを提起するであろう。われわれは、われわれがテーマを選択するさいに協力者たちや読者に支援されることを期待している。

編集委員会は、雑誌をわれわれの今日の世界における哲学の焦眉の問題に定位させ、現存するすべてのものの容赦のない批判がおこなわれるために尽力するであろう。われわれは、物事の根本を究明し、どのような帰結をも恐れない批判的な姿勢こそが、すべての本物の哲学の本質的な性質である、と信じている。われわれはまた、何人といえども、なんらかの種類の批判の独占権もしくは特権をもっていないということ――そしてこのことはすべての領域で妥当するということ、も信じている。あれこれの国、ある社会集団および組織、の内的な関心事として、あるいは私的な問題として処理されるようないかなる一般的あるいは特殊的な問題も存在しない。そしてわれわれは、今日の世界の一般的な諸問題とともに、自分たち自身の諸国の諸問題を批判的に究明することこそは、それぞれの国のマルクス主義者と社会主義の第一の課題である、と考えている。そこで、ユーゴスラヴィアのマルクス主義者たちは、なによりもまず、ユーゴスラヴィア社会主義を批判的に討論するであろう。このようにして、ユーゴスラヴィアのマルクス主義者たちは、たんに自分自身の問題にたいしてだけではなく、また世界における社会主義にたいしても最善の奉仕を為すことができるであろう。

われわれの雑誌が、批判される事柄そのものの本性による以外には制約されるべきではないという批判の権利を保持しているとしても、このことは、われわれが特権的な地位を自分たちにあたえるということを意味してはいない。われわれは、自由な批判の「特権」は普遍的なものでなければならない、と信じている。このことによって、われわれはまだ、自由な批判のあらゆる成果は「良い」ものである、と主張しているわけではない。「自由な出版は、たとえ、悪い産物を生みだしたとしても、やはり良いものである。なぜなら、それらの産物は自由な出版にたいする背教者だからである。去勢された人間はたとえ良い声をもっていても、やはり劣悪な人間である。」

（マルクス）

もしあらゆるものが批判の対象になりうるとすれば、雑誌『プラクシス』もまたその対象から除外されてはならない。われわれは、自分たちがいかなる非難も受け容れるであろうなどとあらかじめ約束することはできないが、しかし、雑誌のあらゆる公然たる批判的な討論を歓迎するであろう。われわれは、もっとも激しい批判といえども、また、悪い印である必要はない、と信じている。「哲学の到来を告げるのは、その敵の叫びである。この敵は、観念の大火からの救いをもとめて狂気のような叫びをあげることによって、その火がすでに内的にかれらに燃えうつっていることをあらわに示す。哲学の敵の叫びが哲学にたいしてもつ意義は、赤児の最初の叫びが不安のうちに聞き耳をたてている母親の耳にたいしてもつ意義と同じである。それは、体系の象形文字でできた本式の殻を破って、世俗的市民の蛹となった哲学観念のうぶ声である。」（マルクス）

もちろん、われわれにたいする叫びそのものを誘発することが、われわれの意図なのではない。われわれの根本的な願望は、われわれが、われわれの諸可能性に応じて、哲学的思考の発展に寄与し、真に人間的な社会を創造することに寄与する、ということである。

資料2 『プラクシス』のすべての読者ならびに予約購読者の皆様へ

私たちは私たちの読者ならびに購読者の皆様に、『プラクシス』のユーゴスラヴィア版のこれから先の出版が不可能になったことをお伝えしたいと思います。私たちがたえず直面させられてきた諸困難は、この雑誌のあらゆる金融上の支持が奪われた一九七四年に特に増大いたしました。つい最近、『プラクシス』のユーゴそフヴィア版がその最初の発行以来印刷されてきた印刷所は、「この労働者評議会の政治的活動家と管理部は、今後『プラクシス』誌の印刷サービスが続けられないであろうという決定をした」ということを述べた印刷された通知を私たちに送ってきました。したがって私たちは、『プラクシス』誌のユーゴスラヴィア版のこれから先の出版は不可能にされてしまったと述べるよりほかありません。

『プラクシス』の国際版の編集委員（そのメンバーの何人かはザグレブの人ではありません）は、それが可能になれば、会議を開き、そして国際版にかんして到達した決定を私たちの読者ならびに購読者の皆さんにお伝えするでしょう。

『プラクシス』の寄稿者の皆様には、この雑誌のどの版にも論文をお送り下さらないようお願いいたします。両方の版の予約購読者の皆様には、できるだけ早くこれまでの予約金をお送り下さるように、しかし、一九七五年の予約金はお送り下さらないよう、お願いいたします。

編集委員会の統制下にある『プラクシス』の事務局は、予約金と書店の負債の回収を続け、雑誌の負債の支払いを続けます。『プラクシス』の事務局および編集委員会の仕事にかんする報告は、クロアチア哲学会の次回の定例集会に提出されることになるでしょう。

『プラクシス』のユーゴスラヴィア版が一〇年ののちにその存在を終えたまさにこの瞬間に、編集委員会がこの雑誌の仕事と経験との分析と評価をあたえることが、期待されるかもしれません。しかしながら、現在はそのような分析が出版される機会はありませんので、それは今後の私たちの活動に委ねられざるをえません。

もう一度私たちは、『プラクシス』の編集委員会が、批判的で開かれたマルクス主義とヒューマニズム的で自主管理的な社会主義の諸原則をこれまでつねに保持してきたし、まだ現在も保持しつづけていることを強調しておきたいと思います。まさにこれらの諸原則こそは編集委員会が雑誌の最初の発行のときにはっきりと宣言し、雑誌の出版の一〇年間にわたってたえず守り発展させようと努めてきたところのものであります。

最後に、私たちは、私たちの雑誌の読者ならびに予約購読者でありました皆様に感謝の意を表明したいと思います。

敬具

一九七五年三月二四日、ザグレブ

『プラクシス』誌編集委員会

七　この道はいつか来た道　中日哲学誌上討論によせて

はじめに

一般に、二つの国の哲学研究者たちが同一のテーマについて討論をするためには、それぞれの研究者が自国の哲学についてはもとより、相手の国の哲学についてもそれなりの知識を備えていることが必要である。この最小限の前提が充たされていない場合には、その研究者は討論に参加する資格を欠いているとみなされなければならない。したがって、現代の中国の哲学については、翻訳などを通じて僅かに触れることができたという程度の知識しか持ち合わせていない者は、当然、討論参加の有資格者とはみなされえないであろう。そこで、この雑誌が掲げている題名を文字通りに受け取るならば、筆者も沈黙を守らなければならないということになる。しかし、季報『唯物論研究』、『唯物論』（東京唯物論研究会編）に掲載された翻訳諸論文や、日本語で書かれた批判的諸論評（山口勇「現代中国の実践的唯物論・主体性論論争」、「日中哲学誌上討論の展開に向けて」、韓立新「中国における実践的唯物論」、「高清海の実践哲学」等々）などから知られうるのは、討論の中心に置かれてきたのはマルクス主義哲学そのものにほかならないということである。そして、もしその通りであるとすれば、おのずから事情も異なってくるであろう。

周知のように、マルクス主義哲学もすでに長い歴史をもち、論じられて来なかった問題などはもはや残されていないといってもよいほど数多の問題が提起され、夥しい量の議論がおこなわれてきている。そして、それらの議論は広く知られてきたので、それらの議論に関わりがあるような討論であれば、マルクス主義哲学の研究者であるならば誰もが参加する資格をもっているといってもよいであろう。実際に、念のために、これまでに前掲諸雑誌に発表された中日両国の哲学者たちの諸論文を振り返ってみると、それらの論文で論じられて来た諸問題は、すでにどこかで論じられたことがあるような問題ばかりであるといってもけっして過言ではないように思われる。今日の世界でマルクス主義哲学が置かれている状況を顧みるならば、この哲学を発展させ時代の高みに引き上げることは、これまでになく緊急な課題になっている。そしてこの課題の解決のためには国境を超えて研究者たちが協力し、討論を深めることが大いに必要になってきているといってよいであろう。そこで、そうした作業に少しでも参加することができればと考えて、筆者も討論に加わることにしたいと思う。

（一）旧東独の「実践的唯物論」

中日両国の討論参加者が、かつてソ連を始めとする社会主義諸国で支配的であり、しばしばスターリン主義哲学とも呼ばれて来たマルクス主義哲学の特殊な形態を肯定しそこに止まろうとしているのではなく、その諸限界をはっきりさせそれらの限界を超えて行かなければならないと考えていることは、またそのさいマルクスにまで立ち戻って考え直そうとしてきたことも、先ずは大いに歓迎されるべきであろう。そして、こうした方向で中国の哲学研究者たちがマルクス主義哲学の構想について一般的に論じてきただけではなく、さらにそれらの構想に基づいてマルクス主義哲学を体系的に叙述する——それはそれで数多くの困難が立ち現れてくるはずである——という試みに挑戦してきたことは高く評価されるべきであるように思われる。読むに耐えないような種類のものであっても欧米諸国語の哲学的文献であれば逸早く翻訳出版されるのに、そうした中国語の重要な諸成果がまだ日本語に翻訳されず、日本の読者が接近できないままでいるのは、残念なことだといわなければならない。

そこで、現代中国のマルクス主義哲学の立ち入った検討と評価は新しい教科書などが本格的な翻訳出版されるのを待たなければならないが、しかし、同国でこれまでに提起されてきたマルクス主義哲学の一般的な諸構想については、すでに日本語に翻訳されている諸論文やそれらの論文についての諸論評などを通してある程度知ることができるようになっている。そして、それらの論文などを検討してみると、古いソ連型のマルクス主義哲学を超えようと努める方向で新たに提起されてきた諸構想が、一九五〇年代後半におけるスターリンの神話的権威の失墜後さまざまな諸国の革新的なマルクス主義者たちによって提起されて来た新しいマルクス主義哲学の諸構想を彷彿させるものであることがわかってくる。とりわけ、思い起こさざるをえないのは、一九六〇年代の半ばに東ドイツのマルクス主義哲学者たちによって提起され、「実践的唯物論」などと呼ばれてきたマルクス主義哲学の諸構想であり、まさに「この道はいつかきた道」なのではないかと考えてみざるをえなくなる。

もしもその通りであれば、すでに三十年以上も前になる東ドイツの哲学研究者たちの諸成果がいわば参照すべき里程標の役割があたえられることになるのは、当然のことであろう。実際に、中国におけるマルクス主義哲学の歴史と最近の動向を詳細に検討してきた研究者によって、一九六〇年代に活躍していた東ドイツの学者たちの名前がしばしば挙げられ、中国で一九九四年に刊行された哲学教科書についてその問題点が指摘されるとともに、この教科書が「旧東独のコージングらの教科書よりもより明瞭なかたちで実践の観点に基づいて書かれている」などという評価が与えられている（前掲韓立新論文）。現代中国の哲学研究者たちがすでに旧東ドイツの研究者たちの到達点に追いついただけではなく、それを超えてさらに先まで進んでいるということであろうか。

　さて、はるか以前の一九六〇年代の旧東ドイツの哲学研究者たちの研究成果が里程標として参照されているということになれば、かつて私自身もそれらの成果の紹介に多少は協力し、それらの成果について論評してきたこともあるので、指摘しておかなければならない問題点もあれこれ自ずから思い起こされてくる。それらの成果にはたしかに今日もなおその価値を失っていないものもあるが、しかしまた見過ごすことができない由々しい諸限界も見出されたのである。はたしてそれらの限界を、現在「実践的唯物論」あるいは「実践哲学」を発展させようと努めている中国の哲学研究者たちが、すでに超えてしまったとみなされうるのであろうか。

　まず最初に旧東ドイツの哲学研究者たちがマルクス主義哲学の革新運動にどのような貢献をしてきたのかを思い起こしておくことにしよう。彼らが相手にしていたのが、スターリン時代に形成された本来のスターリン主義哲学と、それを多少手直ししたスターリン亡き後のスターリン主義、すなわち新スターリン主義の哲学であったことは改めていうまでもないが、何よりもまず注目すべきは、彼らがこれらの新旧のスターリン主義哲学の礎石とでもいうべきものをかなり首尾よく突き崩すのに成功していたということである。

　それらの礎石の一つをなしていたのが、マルクス主義哲学とは自然、社会、思考のもっとも一般的な発展諸法則にかんする科学であるという構想であったことは、よく知られている。

旧東ドイツの研究者たちは、このスターリン主義的なマルクス主義哲学の構想を徹底的に批判し斥けたのであるが、彼らによれば、この構想にもとづくマルクス主義哲学なるものは、その定義そのものによって、結局のところ、非歴史的に把握された「存在論」にならざるをえず、他方では、哲学の最高の対象である人間を排除せざるをえない。彼らの考えによれば、もしもマルクス主義哲学がこの対象をそのようなものとして取り扱わなければ、それを敵対するその他の哲学的諸潮流に引き渡し、自己を貧弱なものにしてしまわざるをえないである（芝田進午編訳『現代のマルクス主義論争』所収のヘルムート・ザイデル、アルフレート・コージングなどの諸論文参照）。

こうした批判は、旧ユーゴスラヴィアにおいて『プラクシス』派を形成したマルクス主義者たちによってしばらく前から展開されていたものと同様であるが、新旧のスターリン主義哲学の本質的な欠陥を鋭く突いていて、一九六〇年代半ばの批判としてはやはり高く評価することができるであろう。まさにこうした批判によって旧東ドイツの革新的な哲学研究者たちもスターリン批判後のインターナショナルなマルクス主義革新運動の水準にともかくも到達していたとみなすことができるのである。

こうして、東ドイツの哲学研究者たちは新旧スターリン主義哲学の体系の礎石の一つを斥けなければならないという結論に到達したのであるが、しかしこの礎石にはさらにもう一つのきわめて重要な問題が含まれていたのである。実は、哲学とはあらゆる存在のもっとも一般的な諸法則にかんする科学であると定義することによってスターリン主義哲学は自己のきわめて特徴的な性格を、すなわちマルクス主義哲学全体をその構成要素の一つに、つまり知識の典型にほかならない科学的知識に、還元していたことを、したがってまたそうした知識に還元されえない規範的なものを排除していたことも、表明していた。つまり、哲学は存在の一般的な諸法則の科学であると定義することによって、スターリン主義は自己の実証主義的傾向をまことに率直に告白していたのだとみなすことができるのである。そもそもスターリン主義哲学は本質的に国権主義的で官僚主義的であったソ連型社会主義の無批判的弁護論としての機能をはたしてきたのであるが、それは、この哲学が規範的なものを排除する実証主義であったことによってはじめて可能になっていたことは、疑いの余地がない。

スターリン主義哲学のこうした実証主義的傾向を旧東ドイツの研究者たちがどの程度的確に把握していたかは定かではないが、しかし、彼らがそうした傾向に気付きそれを克服しなければならないと考えていたことは明らかである。だからこそ彼らは、世界観がもっぱら「科学の必要」という観点から考えられるような科学主義傾向、「政策の添え物」としての哲学、「非哲学的な実用主義」、すなわち政治の侍女としての無批判的弁護論を――また「マルクス主義哲学の非政治化」も――斥けなければならないことを指摘するとともに、新旧のスターリン主義を超えてマルクス主義哲学が「新しい価値体系を打ち立てる」ことが、つまり政治にたいして理論的および方法的基礎を提供したり、新しい倫理的な価値体系を提示することが、さしせまった課題であることを強調していたのだとみなすことができる（前掲コージング論文参照）。問題は、彼らのところではこうした実証主義批判が発展させられることがなく、新たな課題設定も結局実現されないままで終わってしまったということであるが、この点については少し後で改めて簡単に論ずることになるであろう。

哲学とは存在のもっとも一般的な発展諸法則にかんする科学であるという主張とならんで新旧のスターリン主義哲学の体系の基礎に据えられてきたもう一つの礎石は、マルクス主義哲学は弁証法的唯物論と、その原理を社会に適用し拡張したものとしての史的唯物論から成り立つという体系の構造にかんする構想であった。東ドイツの研究者たちが、この構想も同様に本質的な欠陥をもっているという理由から、そしてその結果としてマルクス主義哲学の発展が妨げられ、その富が隠蔽されてきたという理由から、斥けたことはよく知られている（同前、特にザイデル論文参照）。彼らによる批判は、いずれもよく考え抜かれていて、マルクス主義哲学の革新運動における功績の一つとして銘記されるべきであるように思われる。

さて、東ドイツの哲学者たちが退けた二つの礎石は、まさに新旧スターリン主義哲学の体系がそれらによって支えられていた土台そのものに他ならなかった。それらの礎石を取り除けば、その上に築かれていた建物そのものも崩壊せざるをえない。東ドイツの哲学研究者たちは旧マルクス主義哲学の体系を首尾よく理論的に突き崩すのに成功していたとみなしてもよいであろう。そして、当然のことであるが、彼らはたんに否定に止まったのではなく、さらにスターリン主義を超えたマルクス主義哲学の新しい構想、すなわち「実践的唯物論」の構想を積極的に提示し、それを体系的に叙述しようと努めた。それらの構想においては人間とその実践が強調されたのであるが、今やこの実践は認識論のなかで重要な役割を演ずるカテゴリーとしてではなく、マルクス主義哲学の出発点でもあれば中心点でもあるカテゴリーとしての位置が与えられ、そこからその他の哲学的諸問題のすべてに光が当てられるようになったのである。ここで生じた変化は目覚ましいものであって、まさにマルクス主義哲学の歴史におけるパラダイム転換のひとつであったとみなすことができるように思われる。

こうしたことを確認するには、一九六七年に出版されたアルフレート・コージング編著『マルクス主義哲学教科書』（日本語訳、大月書店）に目を通すだけでも十分であろう。この教科書では、新旧のスターリン主義哲学ではその中心から締め出されていた「全哲学の最高の対象」としての人間と彼の実践が出発点および中心点に据えられ、「マルクス主義哲学は、何よりもまず、人間がその革命的実践においてどのように自己の周囲の世界と自己自身とを変化させるかを研究する」ということが強調されている。そして、いうまでもなく、この教科書ではマルクス主義哲学の構造も新旧スターリン主義哲学とは異なった仕方で考えられ、弁証法的唯物論と史的唯物論との一体性が強調されていて、具体的にそれが実現されるように努められている。さらに、この哲学体系においてマルクス主義哲学の歴史の中で論じられてきた従来の諸問題が新たな仕方で提起されるとともに、新たに見いだされた諸問題が大胆に提起されていることも、改めていうまでもないであろう。

こうして新しい教科書はスターリン主義的な諸教科書とは異なった新しい構想に基づく新しいマルクス主義哲学を体系的に叙述するという創造的で興味深い試みになっていたのであるが、その全体にたいして次のような評価が与えられることには、異論の余地がないであろう。すなわち、この教科書において先に見てきたスターリン主義哲学にたいする批判が大いに生かされていて、その限りで全体としてこの教科書は、スターリン主義を超えようと努めてきたマルクス主義革新運動の成果の一つに数え入れられることができる、と。

さて、以上で、一九六〇年代半ばの旧東ドイツにおける新旧スターリン主義哲学批判の到達点を振り返ってみてきたのであるが、この到達点が、同様にスターリン主義哲学を超えてマルクス主義哲学を発展させようと努めてきた現代中国の哲学研究者たちの里程標になっているとすれば、「実践的唯物論」あるいは「実践哲学」を主張してきた現代中国の研究者たちはすでに、この里程標を背後にして先に進んでいるとみなされうるのであろうか。そして、ここまでくると思い起こされるのは、里程標にされている旧東ドイツの哲学研究者の諸成果にはかなりはっきりとした限界もあったのではなかったかということである。したがって、問題は自ずからさらに次のように提起されざるをえない。すなわち、同様にマルクスの実践概念を強調してきた中国の哲学研究者たちはかつての東ドイツの研究者たちの諸限界をすでに超えているとみなされうるのであろうか。

(二) マルクスの批判哲学

旧東ドイツの研究者たちが、一方では哲学の最高の対象として人間とその実践を強調し、他方では、弁証法的唯物論と史的唯物論との不可分の一体性を強調したことは、いずれも基本的に正しく、まさにこれらの主張によって彼らもまたスターリン批判後のマルクス主義革新運動の水準に到達していたとみなされえたのであるが、しかしそれにもかかわらず、それらの主張をどれほど強調したとしても、それだけではまだただちに十分にスターリン主義を超えたことを意味するわけではない。

すでに見てきたように、スターリン主義哲学批判における東ドイツの研究者たちのもっとも重要な主張の一つは、哲学の最高の対象としての人間を復権させたことであったが、他ならぬこの対象の取り扱い方のうちに彼らの本質的な限界の一つが潜んでいたのである。それは、一言でいうならば、要するに、この哲学の最高の対象の取り扱い方が依然として実証主義的であり、したがってまた新たな哲学の全体が著しく実証主義的な傾向を帯びざるをえなかったということである。

先に指摘して来たように、スターリン主義哲学は官僚主義的国権主義の現実の無批判的な弁護論であったが、それはこの哲学が本質的に実証主義的であったということによってはじめて可能になっていた。ここで「依然として」と述べたのは、スターリン主義哲学を超えて行こうとしていたにもかかわらず、その実証主義的な傾向を東ドイツの研究者たちもまた継承していたとみなされなければならないと考えられたからである。

たしかに彼らもスターリン主義哲学が本質的に実証主義的であったことには気づいていて、この限界を超える方向についてそれなりに適切な議論もおこなっていたし、新しい価値体系を発展させることの重要性も説いていた。しかし、同様に確かなことは、そうした適切な意図も、結局のところ、たんなる意図のままで終わってしまったということである。マルクスにおける実践の概念の中心的意義を強調した研究者でさえも、新たな方向として提示していたのは、『ドイツ・イデオロギー』のなかに記されていて、後に老いたエンゲルスによって繰り返し主張されることになるテーゼ——「かくて思弁の止むところ、現実的な生活において現実的な、実証的な科学が始まる」——の引用であり、「人間社会の現実的な生活過程の叙述」の強調であった（前掲ザイデル論文）。そしてまた、新たな価値体系の提起の必要性を主張していた研究者が編集した哲学教科書にも、それに相応しい仕方ではどこにもその価値体系の叙述を見出だすことができないのである。したがって、彼らのところで哲学の対象の規定の仕方もその構造の把握の仕方も変わり、人間の実践の意義を適切に強調しようという努力も認められたのであるが、したがってマルクス主義哲学はもはや存在の普遍的諸法則についての知識とされていたわけではなかったが、しかし全体として新たな対象についての、つまり実践とこの実践がかかわる諸領域についての知識に還元されていたとみなされなければならないのである。このことが何を意味しているかについては、改めていうまでもないであろう。要するに、東ドイツの哲学研究者は、旧来のスターリン主義的なマルクス主義哲学の原理的な諸欠陥に気づきそれらの欠陥を克服していたにもかかわらず、この哲学の本質的な特徴であった著しく実証主義的な傾向を、したがってまたそうした傾向に基づく無批判的で弁護論的な傾向も克服することができなかったのである。こうした傾向の一つの帰結でもあったとみなされなければならなかったのかもしれないが、「プラハの春」が戦車によって弾圧された後に旧社会主義圏においてイデオロギーの領域で「修正主義」批判が強化されたときに、ここで登場した実践的唯物論の擁護者たちがそのキャンペーンのなかで活躍していたことなども、忘れられてはならないであろう。

こうした東ドイツの革新派の哲学研究者たちの限界が、彼らがマルクスにおける実践の概念とその意義をかなりの程度まで理解することができたが、しかし、まさにこの概念の形成によって飛躍的に発展させられた人間の疎外とその止揚についてのマルクスの理論を結局適切には理解せずこの理論を本格的には復権させることができなかったということに結びついていたことは疑いがない。

そして、このことはさらに、彼らがマルクスにおける哲学の構想を理解することができず、したがってまたそれを復権させることもできなかったことを意味していた。というのは、そもそもマルクスにおいては批判的であるということが哲学の身上であったのであり、哲学とは批判的哲学に他ならなかったのであるが、その中枢的概念こそが疎外概念に他ならなかったからである。疎外概念の無理解はマルクスの哲学的構想の中枢にたいする無理解、したがって、まさにマルクスの哲学的構想そのものの無理解の表明にほかならなかったのである。

大事な問題なので、やはりマルクスにまで溯って論点を簡単に検討しておくことにしたい。周知のように、マルクスの哲学思想の生成過程を理解するうえで決定的に重要な諸著作が発表されたのは、ようやく一九二〇年代の後半から三〇年代の前半にかけてであった。これによってマルクスの思想を本格的に理解するための前提が初めて成立した――伝統的マルクス主義を形成したそれ以前の諸世代のマルクス主義者たちにとってはこの前提が完全に欠けていた――のであるが、しかし、不幸なことに、折しも社会主義運動におけるスターリン時代が始まり、イデオロギーの領域でも、伝統的マルクス主義を変質退化させたスターリン主義が急速に勢いを増していた。そして新たに発表されたマルクスの著作を通して新たに見出されたマルクスの思想は、このスターリン主義と両立しがたいことが一目瞭然であった。そこで、当然のことであったが、マルクスについての研究らしい研究がほとんどまったくおこなわれないうちに、新たに見出された彼の思想はスターリン主義を救済するために犠牲にされることになったのである。こうして初めて世間にその姿を現したマルクスの思想は、瞬く間にスターリン主義者たちによって葬られ、歴史の傍らに押しやられてしまったのであるが、そのさいに作られたのが、初期の未熟なマルクスは後期の成熟したマルクスによって克服されてしまったという神話であった（拙著『神話と真実――マルクスの疎外論の適切な理解のために――』参照）。

いわばスターリンのためにマルクスを葬り去ることを意図して創作された神話にほかならなかったのであるが、この神話は全世界に広範に流布させられ、あたかも証明済みの真実であるかのように受け入れられてきた。この神話がマルクスの適切な理解を妨害し、マルクス主義の運動に損失をもたらした被害の総額は計り知れないほどの膨大な量に上ると考えなければならないであろう。そして、この神話は、本来のスターリン主義が権威を失墜させられた後にも、スターリン亡き後の新スターリン主義の本質的な構成要素として発展させられ広範に流行させられてきた――まさにマルクスを葬り去るために膨大な文章が書かれてきた――ために、今日もなおその信者をいたるところに見出すことができる――こうした事情には、スターリン主義の構造主義的その他の諸変種が大いに貢献して来たことも忘れられてはならない――。したがって、この神話がたんなる神話でしかないことをはっきりさせておくことは依然としてマルクス主義の課題の一つになっているが、しかし、理論的な問題としてははるか以前に決着がつけられていて、この神話はマルクス解釈としてはすでに完膚無きまでに粉砕されている。そして、この神話のおかげで初期マルクスの批判的哲学の構想がマルクス本人によって超克されてしまったかのように主張されて来たが、実はそれが真っ赤な嘘偽りで、その批判的哲学の構想こそが本来のマルクスの哲学にほかならなかったことも明らかにされているのである（前掲『神話と真実』参照）。

スターリン主義的神話にとらわれずにマルクスの哲学思想の発展過程に目を向けるならば、次のようなことはおよそ疑いの余地がない。すなわち、大学生であった時期にヘーゲル主義に転向したマルクスが、このヘーゲル主義と訣別し、フォイエルバッハの業績を援用しながらこのヘーゲル主義を徹底的に突き崩すとともに彼が到達した新たな哲学的パラダイムを明晰にしようと努めたのは、一九二七年になって初めて発表された『ヘーゲル国法論批判』においてであり、そして、このノートにおいてはっきりさせられてきた新たな画期的な哲学思想の誕生を世間に向かって初めて告げ知らせることになったのが、『独仏年誌』に掲載された往復書簡や有名な二つの論文であったということである（拙著『初期マルクスの批判哲学』参照）。

このように解釈することが適切であるとすれば、何よりも先ず思い起こされてくるのは、この時期にマルクスが、彼のヘーゲル主義時代にそうしてきたように、哲学が批判的でなければならないことを繰り返し強調していたことである。マルクスの哲学の実証主義的解釈を発展させようと努めて来た人々が挙って遠ざけようと努めた来た彼のあまりにも有名な文章をここで改めて引用するまでもなく、彼にとって哲学が為さねばならなかったのは何よりもまず「現存する一切のものの容赦のない批判」に他ならなかったのである。こうした批判のなかからその帰結として新しい世界が見出されることになるとマルクスは考えていたのであるが、そのさい彼がそうした新しい世界がまた当為および目的にもなると考えていたこともよく知られている。したがって、マルクスは、要するに、批判はそれでありうるだけではなく、同時にまたそれであるべきであるような世界、つまり世界についてのたんなる記述的概念ではなく、規範的でもあるような概念を発展させなければならないと考えていたのである。このような意味での「批判」を強調したマルクスにとって哲学とは批判的哲学であったが、それはまた現存するものの変革を訴え時代の闘争に参加するがゆえに革命の哲学にほかならなかった。

　では、この批判的哲学はその批判をどのように推し進めなければならないのであろうか。この問題については彼の有名な論文「ヘーゲル法哲学批判　序説」のなかの冒頭部分で彼自身が述べていることからも十分に理解することができる。彼はドイツにおける宗教批判がすでに理論的には終わったことを確認し、今やこの宗教批判を前提にして、宗教の土台としての人間の現実的生活における疎外にたいする批判へと移行しなければならないことを論じた後に、次のように述べている。

「それゆえ、真理の彼岸が消えうせた以上、此岸の真理を打ち立てることが、歴史の課題である人間の自己疎外の神聖な姿が仮面を剝がれた以上、神聖ではない姿における自己疎外の仮面を剝ぐことが、当面、歴史に奉仕する哲学の課題である。こうして、天上の批判は地上の批判にかわり、宗教の批判は法の批判にかわり、神学の批判は政治学の批判にかわる。」（マルクス「ヘーゲル法哲学批判　序説」）

この箇所は、マルクスがまさに哲学の課題について語っていたきわめて重要な箇所であるにもかかわらず、とりわけ初期マルクス超克神話の信者たちによって軽く扱われ遠ざけられてきた。しかし、そうした神話がその信者以外のところではただの馬鹿話でしかないことがはっきりしているとすれば、この箇所がマルクスの哲学思想を理解するうえできわめて重要な意義をもつものになってくることは、いうまでもない。

ここからわかるのは、何よりもまず、哲学とは批判哲学に他ならないと考えていたマルクスが、この哲学の一般的な課題が人間の疎外をあばきだすことにあると考えていたということである。

そして、マルクスからみてすでに宗教的疎外の批判が成し遂げられていた当時のドイツにおいては、さしあたっての哲学の特殊的課題は、宗教的疎外批判を前提にしてさらに市民社会や国家の諸領域における人間の現実生活の疎外を批判することにあったのであり、一言で言うならば人間の現実的疎外の批判を発展させることにあったのである。こうした哲学の課題設定をおこなっていた時期にマルクスはすでにその課題の実現に努めていて、政治的疎外および経済的疎外の批判を発展させようと試みるとともに、現実的疎外の止揚の方向を明晰にし彼自身にとっての理想的な未来のヴィジョンを描き出そうと試みていた。そして、この現実的疎外の現実的止揚についての理論はその現実的な担い手についての理論を含むことにならざるえないのであるが、マルクスがはやくもそうした方向にも理論を発展させ、現実的疎外の止揚の担い手としてプロレタリアートを見出していたことはよく知られている。

こうしてマルクスは、人間の意識の領域における宗教的疎外から人間の現実的生活の諸領域における現実的疎外に批判の焦点を移し、疎外の理論を飛躍的に発展させたのであるが、一八四四年の夏に書かれ一九三二年に初めて発表された『経済学・哲学草稿』では本格的な経済的疎外の批判を開始して、人間の現実的疎外の批判を深化させるとともに、その実践的止揚としての共産主義の理論の輪郭を形成して行く。そして、スターリン主義的神話のおかげで今日においてもなお必ずしもよく知られているわけではないが、こうして開始された過程は、マルクスがその生涯を終えるまで続けられることになるのである。

ここからはっきりと主張することができるのは、マルクスにとって哲学とは、あらゆる存在の一般的諸法則についての知識でも、また人間の実践についての科学的あるいは思弁的な知識などでもありえなかったということである。彼にとって哲学とは、人間の現実的生活および内面の意識の両面の諸領域における疎外をあばきだしそれらの疎外の止揚を訴える批判的な革命の哲学にほかならなかったのである。そして、彼のところで人間の実践の概念とその重要性が強調されていたとしても、それはこの概念が、何よりも先ず、人間の内面の意識とは区別される人間の現実的生活を表すのに適っていて、人間の現実的疎外とその現実的止揚などについて論ずるさいに大いに有益であると考えられたからなのであって、この概念をベースにして何か新しい実証主義的な哲学や思弁的な哲学を構築するためなどではなかったのである。

たしかに旧東ドイツの哲学研究者たちは、新旧スターリン主義哲学を超えて人間の実践に力点を置いた新しいマルクス主義哲学の構想を提起したのであるが、しかし彼らは実践概念の導入にさいして、ここでみてきたような、この概念がマルクスのところで与えられていた意義についての理解を欠いていた。したがって、彼らのところではこの概念と結びつけられていたマルクスの疎外概念の導入は結局のところ本格的にはおこなわれず、したがってまた、批判哲学としてのマルクスの哲学もまた復権されなかったのである。

マルクスの疎外概念の、したがってまた彼の批判哲学の復権に成功したケースとしては、前節ですでに登場していた『プラクシス』派が挙げられるが、ここではその代表例としてミハイロ・マルコヴィチの構想を見ておくことにしよう。彼はここでのさしあたっての問題にかかわる見解を一九六〇年代の後半に出版された著書のなかで次のように主張していた。

「現代社会、また特にユーゴスラヴィア社会における哲学の参加の主要な意義は、過渡期の人間的疎外のさまざまな局面のすべてを批判的に照らし出すことにある。つまり、その意義は、社会的諸関係を人間化して行く過程にとってのもろもろの限界や可能性をあばきだすことにある。」（マルコヴィチ『実践の弁証法』）

たしかに新旧スターリン主義の限界を超えることができたにもかかわらず、旧東ドイツの研究者たちが、これらの文章によって表現されている思想の後方に止まり、依然として実証主義の限界内に止まり続けていたことは、疑いの余地がない。

さて、以上で、人間とその実践の概念を導入することによってスターリン主義を超え本来のマルクス主義哲学を復権させようとした東ドイツの哲学研究者たちの限界をはっきりさせようと努めてきたのであるが、要するに、彼らはマルクスの批判的哲学の構想を復権させることができず、実践を強調しただけの相変わらずの実証主義にとどまってしまっていたのである。同様に実践概念を強調して新旧スターリン主義哲学を超えようと努めてきた現代の中国の研究者たちは、こうした彼らの限界に気づき、この限界を超え出ようと努めてきたのであろうか。そして、マルクスの疎外概念に注目するだけではなく、この概念を導入し、それによってマルクスの批判的哲学を復権させることに成功して来たのであろうか（田上孝一「疎外論と実践的唯物論」参照、季報『唯物論研究』一九九七年七月号所収）。

ところで、東ドイツの研究者たちがマルクスの疎外概念を復権させることができなかったとすれば、彼らがこの概念をさらに発展させマルクスの批判的哲学を一層発展させることを期待するなどということは、そもそも不可能であった。それにたいして、同じ時期に、ここで引用したマルコヴィチなどは、彼らが受容したマルクスの疎外概念を発展させてソ連型の国権主義的社会主義の現実を徹底的に批判するとともに、ユーゴスラヴィア型自主管理社会主義の理念を深め、そこから自国の現実の諸限界にたいしても批判を加えていた。まさにこれらの批判によって『プラクシス』派の人々は、彼らが復権させたマルクスの批判的哲学を社会主義の現状の批判としても発展させ、この哲学に真に新しいものを付け加えることができたのである。

ソ連型社会主義にたいする彼らの批判によれば、無批判的で弁護論的な新旧スターリン主義の主張に反して、この社会主義社会においては資本主義社会におとらず、否、しばしばそれ以上に人間が疎外されていたのである。この問題については彼らはきわめて興味深い議論を展開していたのであるが、その結論のみをまとめるならば、おおよそ次のようになるであろう。すなわち、この社会主義において生産にたずさわる人間にとっては、資本主義社会における資本家による支配が国家によるよりいっそう普遍的な支配によってとってかわられただけであって、彼は依然として基本的な諸問題についての決定権を奪われ搾取される雇用労働者という疎外された状態におかれている。そして、このような経済的疎外を基礎にしてこの社会ではさまざまな経済的および政治的な形態の疎外が存続し強化されさえしているのであり、そのうえさらに宗教的その他のイデオロギー的な諸形態の疎外が付け加わっているのである。これらの諸形態の疎外のもっとも基本的な土台は、国権主義的社会主義の成立とともに生まれその発展とともにますます増大し、社会の重要な基本的諸問題についての決定権を奪って来た社会主義的官僚層の存在である。そこで、この基礎を取り除き労働疎外を止揚して行くことが、そしてそれにもとづいてその他の諸形態の疎外を止揚して行くことがこの社会のもっとも重要な課題になる。

『プラクシス』派のマルクス主義者たちはさらに、自国の自主管理社会主義の理念をいっそう発展させながら、その現実にたいしては大胆で的確な批判を展開していたのであるが、しかし、そうした批判にここでこれ以上立ち入ることはできない（三階、岩淵編訳『マルクス哲学の復権』参照）。ソ連型社会主義諸システムの自壊、ユーゴスラヴィアの社会主義システムの崩壊と同国における悲劇的な戦乱の後の今日から顧みるならば、マルクス主義の諸潮流のなかで時代の高みに到達しようという努力において彼らが群を抜いて貴重な諸成果を挙げてきたことはあまりにも明らかである。それにたいして、マルクスの批判的哲学を復権させることもそれを発展させることもできなかった旧東ドイツの哲学研究者たちは、当然のことであったが、ソ連型の国権主義的社会主義の現実にたいして弁護論を展開し、ソ連型社会主義の諸社会こそ世界に冠たる素晴らしき社会で、その素晴らしさがますます増大しているという大合唱に声を張り上げて参加してきた。だが、周知のように、しばらくしてそれらの素晴らしき社会は、世界中の人々が見守るなかで自己崩壊を遂げてしまい、人々は、素晴らしき社会の話が厚顔無恥な嘘偽りであったことを確認してきたのである。実際には、東ドイツの哲学研究者たちの社会においても他の国権主義的社会主義諸国におけると同様にしばしば資本主義義諸国におけるよりも甚だしい人間疎外が存在し、それがますます耐え難いものになっていたことは、今ではよく知られている。

ともかくもマルクス主義の旗を掲げていた以上、東ドイツの哲学研究者たちもそうした現実に人々の注意を向けさせ、ソ連型の国権主義的社会主義の根本的な諸欠陥に批判を浴びせ、自国の社会の軌道修正の必要性を訴えなければならなかったのではないであろうか。そうした方向に向かうどころか、しばしば虚偽と知りつつ弁護論を語っていたとすれば、自国の社会主義の無様な崩壊にたいして彼らもまた有罪であったということにならざるをえないのではないであろうか。

これまで筆者は東ドイツの哲学研究者たちがスターリン主義哲学を超えたのではないかというような書き方もしてきたのであるが、ここまできてみると、「超えた」といってよいものかどうか、改めて考えてみなければならないということになる。本来のスターリン主義から新スターリン主義へと移行しただけの人々と同様に彼らも結局はスターリン主義を超えたとはみなされえないのではないか。あるいは、もう少し好意的に評価したとしても、せいぜい半ばスターリン主義的なところにとどまってしまっていたとみなされざるをえないのではないか。

ここにいたって、中国の哲学研究者たちにたいしてこの節での最後の問いを提起することが許されるであろう。かつての東ドイツの「実践的唯物論」を里程標として自分たちのマルクス主義哲学を発展させようと努めて来たとすれば、彼らのマルクス主義哲学の現実にたいして無批判的で弁護論的な傾向をどのように批判し超えて来たのであろうか。

おわりに

現代の中国の哲学研究者たちが、すでに三十年以上もまえに遠く離れた東ドイツで提起されたマルクス主義哲学の特殊な形態に里程標としての役割を与えているのではないかと考えて、このマルクス主義哲学の意義と限界について検討して来た。いわばいつか来た道を顧みて、この道の良し悪しを考えてみたというわけである。その結果明らかになったことは、このいつか来た道は、スターリン主義の道ほどひどくはなかったとしても、必ずしも良き道であったわけではなく、人を誤り導く道の一つであったということであろうか。旧東ドイツの研究者たちは、たしかにスターリン主義哲学を突き崩し、人間と彼の実践を強調した新たなマルクス主義哲学を構築して見せたのであるが、しかし、マルクスの意味での批判的哲学を復権させることができず、ましてそれを発展させて当時の社会主義の現実に対する批判的自己意識の発展に役立たせることなどは、さらにできなかった。

「はじめに」も述べておいたが、筆者は現代中国におけるマルクス主義哲学についてはごく僅かな知識しかもっていないので、当然定かなことはいえないが、しかし、実践概念を強調してきた中国の研究者によって書かれ、筆者が読むことができた論文や論評のなかには――「実践的唯物論」あるいは「実践哲学」のいずれを主張しているかにかかわりなく――疎外概念を本格的に導入し、それを発展させようとしているものは見出せなかったように思われる。そして、その理由が何であれ――たんなる哲学外の事情によるものか、それともそれぞれの哲学的構想にとって疎外概念が原理的に受容不可能であるのか、はたまたマルクス疎外概念の研究がまだ十分にはおこなわれていないことの結果にすぎないのか――、もしその通りであるとすれば、中国の研究者たちがマルクスの批判的哲学の構想を復権させ、さらにこの構想を中国の現実の社会主義運動にそくして発展させたりすることなどが、はたして期待されうるのであろうか。したがってまた、たしかに実践概念を強調することで新旧スターリン主義哲学を超えて先に進むことができたのであるが、しかし中国の研究者たちも旧東ドイツの研究者たちのマルクス主義哲学の諸限界を理解しそれらの限界を超えたとなされうるようなところにまではまだ進んでいないとみなされざるをえないのではないであろうか。

ちなみに、日本においてはスターリン主義による汚染が深刻であったために、スターリンの権威失墜の後も新旧スターリン主義哲学にたいする批判は十分にはおこなわれてこなかったように思われる。たしかにさまざまな人々がスターリン主義哲学を超えようとして努力をしてきたことは認められるが、この哲学に対する批判は概ね不徹底であり、ごく僅かな例外的ケースを除けば、この哲学を真に超えたとみなされうるようなマルクス主義哲学の構想はついに提起されないままで今日にいたっているように思われる。たしかに一時期スターリン主義哲学に代わるものとして実践的唯物論の構想が提案されたりしたこともあったが、しかし、それらの構想の擁護者たちは、何故か、彼らよりもはるか以前からスターリン主義哲学を超えようと努めてきた『プラクシス』派などの東欧諸国の先達の業績からさほど学ぶこともせず、自分たちの構想を体系的に発展させるところまで進むこともなく、結局のところ、ここでみてきた旧東ドイツの革新派のマルクス主義哲学者たちの水準にさえも到達できなかったように思われる。したがって、彼らは、当然のことながら、マルクスの疎外概念を受容し発展させようとするような方向はたどることもできず、したがってまたマルクスを本格的に復権させることもできないままで、現在にいたっているとみてもよいであろう。

そもそもスターリン批判後西側諸国では東欧諸国にくらべて新旧スターリン主義哲学にたいする批判が十分にはおこなわれず、それらのスターリン主義哲学の信奉者たちが流布させたマルクス疎外論超克神話やそれらの諸変種、たとえばフランス製の構造主義の擁護者たちなどが流行させた多少洗練させられたスターリン主義的なマルクス解釈などが広められ、それらの障害物のおかげでマルクスについての理解は著しく後進的な状態におかれてきた。その結果、マルクスと彼の疎外論についての理解などでは今もなお信じられないほど低い水準にあるような人々が少なくない(彼らの末路が示されている例として、バリバール『マルクスの哲学』などが挙げられる)。しかし、日本では、そのうえにスターリン主義的神話の変種の一つで、マルクスにそくして考えるならば到底正当化されえない「物象化」論などが流行させられてきたおかげで、マルクスと彼の疎外論についての理解は惨憺たる状態に止められ、少なからぬ人々がいまだにそうした状態から脱け出せないままでいる。そこで、結局のところ、日本では、ごく僅かな例外を除いて、スターリン主義哲学を超えてマルクスの意味での批判的哲学を復権させ発展させるなどということなどは問題にもならなかったとみなされなければならないように思われる(例えば、山本晴義「戦後マルクス主義と実践の哲学」参照、『季報唯物論研究』一九九五年二月号)。

この小論で述べてきたことからも知られるように、マルクスの疎外概念が理解できなければ、マルクスの批判的哲学に近づくことなどはできないし、この疎外概念を真に発展させることができなければ、マルクス主義哲学を時代の高みに引き上げることもできない。中国の哲学研究者も、日本でマルクス主義哲学を発展させようとしてきた大部分の研究者たちも、何よりもまず、マルクスの疎外概念についての研究を深めこの概念の本格的な受容をはからなければならないであろう。そして、そのうえで、主に東欧諸国などで発展させられてきたマルクス主義の歴史をふりかえりながら、この概念を発展させようと努めなければならないのであるが、そのさい、旧東ドイツの革新派の研究者たちの先を歩んでいた、そして、スターリン主義をたしかに超えたとみなされうる『プラクシス』派の諸成果などが大いに参考にされなければならないのではないであろうか。

著者略歴

岩淵　慶一（いわぶち・けいいち）

1940年生まれ

1964年　東京大学文学部哲学科卒業

現　在　立正大学名誉教授

主要著書

『現代ヘーゲル研究』（共著）啓隆閣・『ルカーチ研究』（共著）啓隆閣・『マルクス哲学の復権』（編著）時潮社・『哲学と宗教』（共著）理想社・『初期マルクスの批判哲学』時潮社・『マルクス主義思想　どこからどこへ』（共著）時潮社・『社会主義　市場　疎外』（共著）時潮社・『神話と真実』時潮社・『マルクスの21世紀』学樹書院・『マルクスの疎外論　その適切な理解のために』時潮社・『増補　マルクスの疎外論』時潮社・マルコヴィチ『実践の弁証法』（共訳）合同出版・ペトロヴィチ『マルクスと現代』（共訳）紀伊国屋書店・マルコヴィチ『コンテンポラリィ・マルクス』（共訳）亜紀書房

マルクスの哲学

――その理解と再生のために――

2014年11月25日　第1版第1刷　定　価＝3200円＋税

著　者　岩　淵　慶　一　Ⓒ

発行人　相　良　景　行

発行所　㈲　時　潮　社

174-0063　東京都板橋区前野町 4-62-15

電　話　(03) 5915-9046

FAX　(03) 5970-4030

郵便振替　00190-7-741179　時潮社

URL http://www.jichosha.jp

E-mail kikaku@jichosha.jp

印刷・相良整版印刷　製本・仲佐製本

ISBN978-4-7888-0698-6